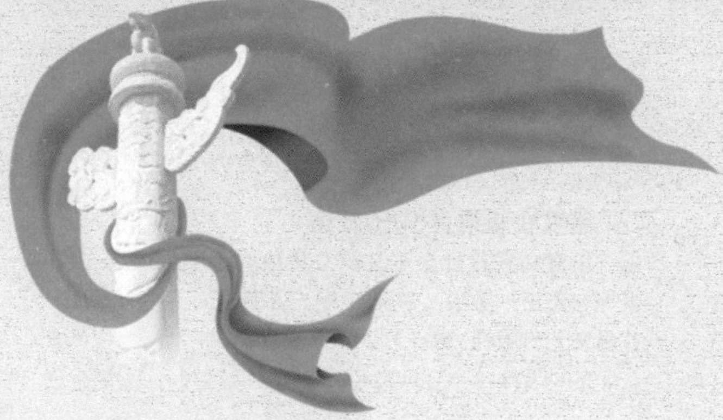

培育和践行
社会主义核心价值观
小学生读本

自由　平等　公正　法治

高　敬◎主编　曹丽媛◎编

花山文艺出版社

图书在版编目(CIP)数据

培育和践行社会主义核心价值观小学生读本. 自由 平等 公正 法治 / 高敬主编; 曹丽媛编. -- 石家庄: 花山文艺出版社, 2015.1(2021.7 重印)

ISBN 978-7-5511-2240-5

Ⅰ. ①培… Ⅱ. ①高… ②曹… Ⅲ. ①社会主义建设 – 价值论 – 中国 – 少儿读物 Ⅳ. ①D616-49

中国版本图书馆 CIP 数据核字(2015)第 009623 号

书　　名: 培育和践行社会主义核心价值观小学生读本

自由　平等　公正　法治

主　　编: 高　敬

本册主编: 曹丽媛

策　　划: 张采鑫

责任编辑: 董　舸

责任校对: 齐　欣

特约编辑: 李文生

全案设计: 北京九洲鼎图书有限公司

出版发行: 花山文艺出版社(邮政编码: 050061)

(河北省石家庄市友谊北大街 330 号)

销售热线: 0311-88643221

传　　真: 0311-88643234

印　　刷: 永清县晔盛亚胶印有限公司

经　　销: 新华书店

开　　本: 710 × 1000　1/16

字　　数: 100 千字

印　　张: 10

版　　次: 2015 年 6 月第 1 版

2021 年 7 月第 2 次印刷

书　　号: ISBN 978-7-5511-2240-5

定　　价: 36.00 元

目 录
CONTENTS

第一章 自由

第二章 平等

第三章 公正

第四章 法治

第一章 自由

追求自由是人类与生俱来的天性。在历史和现实中，无数仁人志士、普通百姓用生命谱写了一首首自由之歌，彰显了自由价值的崇高和伟大。

社会主义自由，可以这样理解：在政治上，自由是指人们享有合法权益，也就是人们在法律规定的范围内拥有自由行动、不受限制的权利；在哲学上，自由是指人们对必然的认识和对客观世界的改造，也就是人们认识和掌握了客观事物的本质和规律，才会拥有自由。

尊重和保障公民的自由权利，是我们党和国家的一贯方针。改革开放以来，党提出了执政为民的理念，采取了一系列保障公民权利的有效措施，为个人的自由全面发展创造了基本条件。

我们倡导社会主义自由观念，是因为对于一个国家、一个社会而言，自由是不可或缺的，只有自身的自由权利受到尊重和保护，人们才会有安全感。同时，只有在宽松的环境中，人才能得到自由全面的发展。

折翅也要飞翔

只有本身包含着必然性的那种自由才是真正的自由；而且，这种自由是真理，是必然性地合乎理性。

——恩格斯《谢林和启示》

成洁，1976年出生于四川省巴中市南江县八庙乡何家坪村。她身残志坚，以残缺的肢体和顽强的毅力与命运做斗争。

1987年11月，成洁被评为达县地区的“青少年十杰”之一，她作为唯一的获奖少年代表参加了表彰大会，并在大会上发了言。接着，《少年先锋报》、《少年百科知识》、《中国青年报》、《四川日报》等相继刊登了成洁的事迹。1988年1月，中央电视台播放了四川电视台拍摄的专题片《飞吧，断翅的小鸟》；1988年3月10日，《人民日报》刊登了成洁的生活照，接着《中国少年报》刊登了成洁的事迹；1989年，成洁被评为中国“百名好少年”之一；同年10月，她荣获首届“全国十佳少先队员”称号。

成洁出生在一个普普通通的农民家庭，勤劳而慈祥的父母给予了成洁无限的关爱。在父母的精心呵护和教育下，成洁从小便是一个乖巧懂事、热爱劳动、热爱生活的孩子。成洁的第一任老师就是父母，他们教她认字、做算术，给她讲述富有哲理的故事，教她如何认识这个世界，如何生存在这个世界。

当成洁5岁时，父亲便把她“塞”进小学一年级读书。按规定，小孩子7岁才能入学，老师不肯收。父亲说：“成洁绝对跟得上，如果她的学习成绩不能进入班级前10名，我自动把她领回去！”于是老师答应试试看，成洁成了班上最小的学生。由于乡下小学的桌凳不成比例，小成洁一坐上课凳，下巴便“啃”在课桌上。父亲便给她的凳子脚上垫上几块砖头，升高凳子，这样，她的下巴才不再“啃”桌子。果然，期末考试时，成洁的成绩进入了班上前10名。

1985年3月11日，不幸突然降临到这个不满10岁的孩子身上，成洁意外地碰到了变压器，高压电瞬间将她击倒。经医院的医师们会诊，她被截肢，失去了双臂，成了一只断翅的小鸟。在家人和社会的关心和扶助下，成洁一步步克服心理障碍，她告诉自己虽然没有了双手，但她不是个没用的人。生活在向她挑战，她就向生活应战，她要做生活的强者，她要充满信心地活下去。

小成洁为了不成为家人的负担，她开始练习用脚来生活，她爱学习。在病床上的这段日子里她最想做的事就是看书。于是她开始用脚翻书，刚开始脚趾一翻就是一大沓，无法一页一页地翻；再加上她刚刚做完手术，身体还很虚弱，练着练着就会出一身虚汗；但是她仍然坚持。渐渐地，用脚看书已经不成问题了。

然后，成洁开始练习用脚应对生活，这是一项艰难的挑战，因为她要用脚吃东西，用脚喝水，两只脚就都要能够挨得着头顶。成洁就练习压腿，先把右脚放在一块大石头上，然后弯下腰用脑袋触碰脚尖，一次不行两次，两次不行三次，一次又一次，右腿灵活了，又开始练左腿。有时下雨了，她就在家里练，把脚跷在床沿上练。为了维持身体平衡，她咬着牙，用头顶着地面，一分钟，两分钟，三分钟……她就这样带着倔强的笑容，忍着疼痛，一练再练。

不久，她的两只脚都能挨着头顶了，她就练习用脚向高处挂东西、取东西……她学习用脚夹着筷子吃饭，脚趾没有手指长，筷子很硌脚，而且稍不留神就会落到桌子上。她不灰心，终于征服了筷子，能够像别人那样用手握着筷子吃饭了。

接着她学会用脚扣扣子、叠被子、洗脸、刷牙、梳头等。而最大的挑战是用脚练习写字，刚开始时，她的脚趾夹不住笔，她爸爸就用绳子把笔捆到她的脚趾上练。后来，她的脚趾能夹笔了，可是写的字又不成形。为了使每个字有规矩、成方圆，她用左脚趾按住一把尺子，用右脚趾夹笔来写，就这样一天天练下去，终于她用脚写的字大小统一、排列有序了。后来，她对着字帖练毛笔字，一撇一捺，有板有眼。

就这样成洁克服了一切困难，在生活稍微可以自理的情况下，回到了原来的学校，她要像个正常人一样在这里学习。1987 年夏，在南江县小学毕业统考中，成洁用一双冻开裂口、挂满血丝的脚认真答卷，在与同学们相同的时间里做完了全部考题，以 233.5 分的优异成绩被录取到南江县八庙乡初级中学，这一分数在全乡名列前茅。

命运对成洁来说似乎很残酷，但这突如其来的厄运并没有让她屈服，反而让她变得更加坚强。她自强不息，勇往直前，用泪水和汗水浇铸了她闪光的生命，让这原本灰暗的人生绽放出绚丽的色彩。

价值解析

成洁的故事告诉我们，失去了双臂并不可怕，依然能够生活得很幸福。外在的困难不会打倒内在的勇敢。只要心灵是自由的，我们的生命和梦想就都是自由的。只要拥有自由的心灵，我们就不会惧怕任何困难。

北大是怎样炼成的

思想自由与言论自由，都是为保障人生达于光明与真实的境界而设的。无论什么思想言论，只要能够容他的真实而没有矫揉造作的尽量发露出来，都是于人生有益，绝无一点害处。

——李大钊《危险思想与言论自由》

小朋友们,你和你的同学们是不是有人立志将来要考北京大学啊?不错,北京大学是我们国家最好的大学之一,我们习惯上称它为“北大”。北大创立已经有一百多年了,在这么长的时间里,北大人才辈出、名震中外,是许多有志青年向往的高等学府。北大能有今天的成就,和北大历史上一位非常优秀的校长有很大关系,他的名字叫蔡元培。

蔡元培是我国著名的教育家和政治家,1916 年 12 月 26 日出任北京大学校长。那时候,正是北洋军阀统治时期,国家十分混乱,北大被一群官僚把持,根本不像个学校。蔡元培出任校长后,致力于革新北大,提倡开“学术”与“自由”的风气。1919 年 6 月,由于北洋政府镇压“五四”运动,蔡元培向他们提出抗议,说:“我绝对不能再做不自由的大学校长:思想自由,是世界大学的通例。”

不错,蔡元培的办学观念之一是“思想自由,兼容并包”。他任北大校长后,聘请的教授中不但有早期共产主义者李大钊、陈独秀,有留学日本、美国的一身西装革履的章士钊、胡适,甚至还有身穿马褂、拖着一条长辫的清朝“遗老”辜鸿铭。此外,还有鲁迅、钱玄同、刘半农、黄侃等在当时有着不同思想的人。这些人的思想在北大的校园里自由碰撞,“百花齐放,百家争鸣”在这里充满了生命力。

为了进一步把“思想自由,兼容并包”的办学方针落到实处,蔡元培采取了一系列的有力措施,提倡组织学校的各种社团。在他的提倡下,学校成立了“少年中国学会”等各种学会,“新潮社”

等各种社团，“马克思主义研究会”、“新闻研究会”、“书法研究会”、“画法研究会”等各种研究会，以及各种体育组织，等等。

曾经在北大读书的著名学者王昆仑回忆说，当时蔡元培主张百家争鸣，所以经常会有不同的教师持不同意见的情况。一次，钱玄同正在给同学上文字学时，突然在对面教室也正在上文字学的教师黄侃由于不同意钱玄同的观点，竟然大声骂起来。钱玄同听了没有理会，继续讲课。当时的王昆仑正在听的正是钱玄同的课。之后，王昆仑不再只听一位老师的课。他听了两位老师的课后，再进行对照学习。

著名历史学家周谷城当时在北京高等师范学校（今北京师范大学前身）读书，喜欢到北大旁听。他回忆说，北大在蔡元培的影响下，重视自由辩论。一次，法学院教授梁启超拿着自己的新作《墨经校释》向文学院的胡适请教。不料胡适对这本书的评价是，全书只有一个字是对的，其他的通通不对。梁启超听了很生气。法学院得知这个消息后，请梁启超马上讲学。梁启超决定在这次讲学中只讲一本书，就是胡适不久前出的《中国哲学史大纲》。同学们闻讯后纷纷前来听讲，整个法学院热闹非常。梁启超毫不留情地对《中国哲学史大纲》进行了批评，连续讲了 3 小时。临结束时，他还说今天没有讲完，明天要接着讲 3 小时。第二天，胡适就去给梁启超道了歉。周谷城说：“胡适这个不是丢丑，他有度量。学问上他讲得好，我就听他的，服从他，佩服他。”

蔡元培倡导的校风，还对社会敞开了大门，不是北大学生的人，也可以随意来听课。著名作家沈从文就是北大旁听生中的一员。沈从文“流浪”到北京后不久，就开始去北大旁听。他听的课程包括日文课、国文课、历史课和哲学课等。他甚至还曾冒充北大考生考过试。结果不仅及格了，还得到了3.5角钱的奖金。

在旁听过程中，沈从文从辜鸿铭那里受到了非常深刻的教益。一次，辜鸿铭身穿清末民初的传统服装前来演讲，背后还拖了一根辫子。他的装束引起了学生们的哄堂大笑，不料他却很从容地说：“你们不要笑我这个‘小尾巴’，我留下这并不重要，剪下它极其容易；至于你们精神上那根‘辫子’，依我看，想去掉可不容易。”沈从文对此感触良多。多年后，他自己也站在讲台上讲课时，还经常引述这句话。

蔡元培这个“思想自由，兼容并包”的办学理念，在北京大学被成功地贯彻于办学实践的各个方面，使北大成为一所“对一个民族、一个时代起到转折作用”的大学，奠定了北京大学独具一格的学术品格和地位，一直延续到今天。

蔡元培晚年回顾自己在北京大学的经历时说：“我素来不赞成董仲舒‘罢黜百家、独尊儒术’的主张。清代教育宗旨有‘尊孔’一款，已于民元在教育部宣布教育方针时说它不合用了。到北大后，凡是主张文学革命的人，没有不同时主张思想自由的。”

价值解析

周恩来在为蔡元培所写挽联中说：“从五四到人权同盟，先生之行在民主自由。”蔡元培一生为革命、为自由不懈奋斗。北大的“思想自由，兼容并包”理念的提出和相应措施的实行，是中国思想自由道路上的一座伟大的丰碑，是我国社会主义道路上自由理念健康发展的重要支撑者和奠基者。

农民工孩子的七彩小屋

要充分尊重农民的生产经营自主权、财产所有权，尊重农民的民主权利。要同农民商量办事，善于用说服的方法、示范的方法、服务的方法推动农村工作。

——江泽民《开创农业和农村工作新局面》

2013年9月1日，是孩子们开学的日子。在这一天，全国有很多农民工子女所在的学校里，都多了一个崭新的“七彩小屋”。这是共青团联合其他组织专门为农民工子女建设的，里面有电脑、电视、书籍及各类文体用品等。在小屋里，孩子们可以和在外打工的父母视频通话，可以在青年志愿者的辅导下做功课、学弹电子琴，还可以和大家一起做游戏或聊天。

七彩小屋的建设缘起于2010年春夏之交。那时，中国共青团和中国志愿者协会联合启动了一项活动，叫作“共青团关爱农民工子女志愿服务行动”。目的在于通过组织广大青年志愿者在全国城乡开展学业辅导、亲情陪伴、爱心捐助等服务，为农民工子女的教育和生活提供有效的帮助。“七彩小屋”建设是这项活动的一个项目。2012年，“关爱农民工子女志愿服务行动七彩小屋示范项目”作为社会工作服务示范项目，还获得了中央财政专项资金支持。

孩子是国家的希望，孩子的问题关乎国家的未来，而农民工子女的教育问题是孩子问题的重要环节之一。“共青团关爱农民工子女志愿服务行动”是关爱农民工子女的一种直接体现。

在七彩小屋，农民工的孩子们在健康快乐地成长着。2011年，奕霞是湖南省长沙市阳明小学五年级的学生。在距离她家只有600米的地方，就有一座“七彩小屋”。每天放学后，她都来到七彩小屋做作业。在那里，还有志愿者专门给孩子们辅导。和她一样，很多孩子每天都在放学后来“小屋”做作业。每个周末的时候志愿者还会对他们进行一对一的教学。这是全国七彩小屋中经常出现的一幕。

除了七彩小屋，“共青团关爱农民工子女志愿服务行动”还有很多其他活动和环节，主要有五方面工作体现。

一个是学业辅导，也就是青年志愿者对农民工子女进行学习和功课辅导。在帮助孩子们提高学习成绩的同时，还要帮助他们提高综合素质，比如音乐、美术、体育等。

一个是亲情陪伴，也就是志愿者与留在农村的农民工子女一起做游戏或聊天，帮助他们与父母进行电话、视频沟通等。

一个是感受城市，也就是志愿者带着进入城市的农民工子女一起去参观，比如，爱国主义教育基地、博物馆、纪念馆、科技馆等，帮助他们更多地了解城市，更快地融入城市。

一个是自护教育，也就是志愿者为农民工子女讲授安全、自护和健康、卫生等知识，帮助他们养成健康的生活习惯。

一个是爱心捐赠，也就是志愿者和社会各界一起为农民工子女提供物质上的支持，帮助他们购买图书、玩具、文体用品等。

价值解析

2003 年教师节时，温家宝同志在视察北京市接受务工农民子弟学校时，写下了一句话：“同在蓝天下，共同成长进步。”农民工子女本应该和城市儿童一样，享受相同的受教育的权益，但由于社会保障问题和农民工自身思想问题等，致使农民工子女的教育状况并不乐观。共青团和志愿者协会的这个活动，是关爱农民工子女生活和教育的一个重要体现。

为人民而战的英雄

今天的中国是一个有十二亿多人口的发展中大国，仍然必须首先保障最广大人民的生存权和发展权，不然，其他一切权利都无从谈起。

——江泽民《充分保障人民依法享受人权》

1998年10月的一天，济南军区的一位普通战士王金春休探亲假后返回部队。途中，他所乘坐的中巴客车上，出现了鬼鬼祟祟的青年。王金春的直觉告诉自己，这个人可能是一个小偷。果然，那个青年悄悄划破了一位老太太的包，见包内没钱，又把手伸向了一位正在打瞌睡的中年男子的衣兜。眼看小偷就要得手，王金春这时霍地站起来，大喊："你干啥，敢偷钱？"这一声大喊吓得歹徒立即缩回手来。

这时，另一名歹徒从后排座上跃起，猛地抽出一把20多厘米的刀，逼向王金春："少管闲事，不然我捅死你！"王金春大义凛然:“当兵的还怕你吗?这事我今天管定了。”歹徒恼羞成怒,挥舞着手中的刀,凶恶地向王金春刺来。突然,在王金春身后和右侧又跃起两个歹徒。一个拿起装有水杯的提包猛地砸向他的头,另一个趁机拿着匕首向他腹部刺来。王金春一边左闪右避,一边挥拳迎战。对方人多势众,加上车厢狭窄,无法施展平日练兵精武中的擒拿格斗本事,不一会儿,王金春右臂部、头部、腹部先后被刺伤,鲜血顺着裤子一直流进鞋里,流到车厢的地板上。他忍住剧痛,一边大声呼喊司机停车,一边赤手空拳继续与歹徒搏斗。

当时,车里只有十几位乘客,司机担心难以对付4名穷凶极恶的持刀歹徒,只好将车加速往前开,寻找派出所。到了不远处的一个镇上时,没等车停稳,歹徒急欲下车,企图逃窜。为了不让歹徒逃走,王金春死死扭住其中一个歹徒的胳膊,被他们拖下了车。眼看难以脱身的歹徒朝王金春的身上猛踩猛跺,其中一个歹徒甚至用匕首刺向他的面部。王金春一扭脸,匕首顺着他的左眼角擦皮而过。

王金春寡不敌众,歹徒们乘机逃跑了。王金春艰难地从地上爬起来,以惊人的毅力追出400多米。最后,在两名群众的帮助下,到附近的派出所报了案。众多村民闻讯后纷纷操起铁锹木棍,和干警一起围追歹徒。王金春在身受重伤的情况下,依然翻过了两道2米多高的院墙,和随后赶到的警民一起,将躲藏在老百姓猪圈、柴垛里的歹徒抓获。失血过多的王金春昏倒在地。群众将他送往医院抢救,才转危为安。

熟悉王金春的人都知道,他这样的壮举已经不是第一次了。

在入伍不到3年的时间里，他就曾三次见义勇为，在5年军旅生涯中，他曾先后五次冒着生命危险抢救国家财产。

王金春不但在外为大家的财产和安全挺身而出，在老家里，他也经常去帮助那些因为年老、残疾或疾病导致无法正常生活的人。王金春的母亲常年患病，家庭条件并不好。为了缓解困境，他从入伍后就从没抽过一支烟，也没有买过一件便服、一双皮鞋。然而，他的苛刻只针对自己，在对待其他有困难的人时，他是非常大方的。在他的老家，有一位80多岁的五保老人。上小学五年级起，王金春就经常为老人挑水、洗衣服、清理卫生。老人生病时，他更是日夜不离地加以照顾。入伍后，他才不得不把照顾老人的重担交给了妹妹。老人对王金春非常感激，逢人就说："我一生无儿无女，可金春比俺亲儿子都好。"

王金春英雄壮举背后，是他巨大的精神力量。他曾在日记中写道："赤心为人民，爱恨总关情。当人民生命财产受到威胁时，我是一把利剑，即使刃缺身折也要直刺邪恶；当人民需要帮助的时候，我是一盆炭火，即使燃烧殆尽也要温暖所有需要温暖的人。"

王金春，这个普通战士的名字，在齐鲁大地广为传颂。

价值解析

2004年十届全国人大二次会议通过的宪法修正案中，明确规定："公民的合法的私有财产不受侵犯。"保护人民财产安全和人身安全，是保障公民基本权利的一种体现。我们要以英雄为楷模，学习他们舍小为大的精神，就像王金春在日记中写的那样："紧急关头站出来，危险时刻豁出去。为了人民利益我舍得一切！"

美丽的上洋村

中国确保十二亿多人的生存权和发展权，这是对世界人权进步事业的重大贡献。

——江泽民《充分保障人民依法享受人权》

浙江省衢州市花园街道的上洋村，原来是一个非常贫困的村子。在1999年的时候，村民只能靠种地卖粮来赚取一点收入，一年辛苦下来，全村集体收入只有2万元，大家的生活非常窘迫。但是现在，上洋村完全变了一个样子，已经从以前的脏、乱、差的典型之村变成了现在的先进村、文明村、富裕村。只在2008年的时候，村集体固定资产就高达3000万元，村集体经济收入增加到了180万元，如今的状况一年比一年好了。

那么，是什么让上洋村发生了翻天覆地的变化呢？这还要从他们的村党支部书记黄岳华说起。

黄岳华是在1999年的时候上任的，村民们喜欢亲切地称他“华华”。“华华”上任后，看到村民窘迫的生活，心情非常沉重。几经考察和思索后，他找到了让村民们集体走上致富路的好办法。他先是利用上洋村的地理优势，吸引企业落户，以此来收取租金，村民的生活顺利地得到了改善。后来，他把眼光放得更长远。在2003年的时候，他决定建设一座规模宏大的仓储中心，来为村子赚取更多的利润。不过，这次他可遇到了麻烦。因为建仓储中心的预算资金是700万元，可当时的村集体资金只有60万元，还差得远呢！听说了他的想法后，很多村民都表示反对。

不过，黄岳华并没有气馁。他通过深入调研，拿出了可行性的报告，然后反复跟大家商量，逐个做大家的工作，最后终于得到了大家的支持。第二年春天，面积达12000平方米的仓储中心建成了，并很快就被租赁一空。这下，村民们可高兴坏了，因为只这一项，每年就能给村子带来70万元的收入。大家对黄岳华越来越信任了。慢慢地，村子里又多了好几处建筑，有仓储综合楼、地板市场、上洋村菜市场……在村民看来，这些不仅是“华华”带领大家走上致富路的法宝，更是他像家人一样为村民着想的有力见证。

黄岳华在上任的几年时间里，不仅让村民的腰包鼓了，更让大家伙的心情舒畅了。

上洋村的领导班子非常看重村民们的想法。他们认为只有大家伙都满意才算真的满意，所以村子一有什么事儿，黄岳华最先想到的肯定是村民。一般的村务，村民们要在同意、不同意和弃权表决栏里签字按手印，然后，领导班子根据少数服从多数的原则，再做最后的决定。总之，村里的每一项决定，都要公开透明，结果要让村民们清清楚楚地看到。比如，当时有村民反映土地流转资金的流向有问题时，黄岳华就带领村领导班子用了七天七夜的时间，挨家挨户地调查土地流转情况，然后做成表格，建立了清晰明确的土地流转档案。每户村民经过确认后，都在档案上签了字。最后，干部将结果张榜公开，大家伙都看得清楚明白。干部们在大家的监督下，也干得更起劲了。

在上洋村，不仅是土地流转档案公开，村子有重大项目建设时，每个月的理财情况也会公开。仓储中心建成时，黄岳华专门请专业人士来做财务审计，并邀请村民代表和部分农户来听审计结果。在那之后，每次村子里有这样的项目时，黄岳华都请人来审计，然后每个月都把理财情况按时上墙公布。

在黄岳华的领导下，上洋村的村民真正感受到了社会主义的美好。他们不仅口袋里有了余钱，过上了富裕的日子，更重要的是，在这样的领导班子的带领下，大家都能非常清楚地看到自己的血汗钱从哪里赚来，又用到了哪里，因而心情也变得更加自由和舒畅。一想到“华华”，大家心里就总是暖暖的。

价值解析

只会领导村民的干部，不是好干部。能和大家同吃苦同进步的干部，才是好干部。让大家吃得饱、穿得暖，在公开透明的环境中解决难题，就使人的心情得到了放松，并有机会和能力去追逐更美好的生活。有了物质条件和精神条件的双重保障，人们才能真正获得自由。所以，一些干部的伟大之处在于，他们不仅通过合法手段塞满了百姓的腰包，同时又能让大家每天把笑容挂在脸上。

做中国重汽的主人

中国集中力量发展经济，促进社会全面进步，坚持发展社会主义民主，建设社会主义法治国家，都是为了促进中国人民的人权事业。

——江泽民《充分保障人民依法享受人权》

中国重型汽车集团有限公司是我国重型汽车的摇篮。1960年4月，中国重汽试制出了一辆黄河牌重型汽车。这辆汽车是我国第一辆自己生产的重型汽车，是当时全中国的宝贝。它不仅受到了毛主席的亲切“接见”，朱德元帅还为它亲笔题字“黄河”。然而，拥有这样的宝贝的中国重汽，到21世纪初的时候，竟然发展得非常不顺利，甚至差点儿倒闭。幸好，在关键时刻，有一个人挺身而出救了它。这个人叫马纯济，是中国重汽永远都不会忘记的一个名字。

2000 年，中国重汽已经奄奄一息，为了挽救它，国务院决定对它进行战略重组，当时重汽的董事长、党委书记就是马纯济。接下了改革重汽的重担后，马纯济考虑到最大的问题就是人的问题，因而抽出了大部分精力用在了减员分流上。一听说重汽要减员分流，员工们都慌了，因为家里有老有小，谁也不想下岗。于是马纯济通过各种方法，对大家讲道理、讲情感，并保证给下岗职工一定的生活保障，终于使大家心甘情愿地接受了这个措施，愣是把原来的 7 万人减少到了 2 万人。很多员工开始时是反对和害怕下岗，到后来甚至自愿提出下岗。

解决了减员分流的问题后，马纯济把目光放在了企业发展上。他调动了大家的主人翁意识，倡导大家都做重汽的主人，把重汽当作自己家的企业一样努力工作。在他的一番鼓励下，大家有了前所未有的积极性，精神面貌一下子得到了非常大的改善。马纯济和大家一起主动加班干活，遇到工作忙的时节，甚至不休节假日。工作虽然累，但大家心里高兴，因为他们知道，就像马纯济所讲的，重汽就等于他们自己，重汽的美好未来就是他们的美好未来。

大家的努力很快有了成果。最初时，重汽每个月生产卡车 1000 辆，后来增长到 2000 辆， 3000 辆， 6000 辆……月生产纪录在不断刷新。经过马纯济主刀的一次改革大手术，加上员工们的积极努力，重汽终于活过来了。

起死回生的重汽重新成为国家经济发展的重要“人物”,重汽的主人们的生活也跟着好了起来。在重汽,员工们获得了更好的发展机会和空间,一大批德才兼备的人成为重汽各级干部岗位的中坚力量。泉城十大杰出青年蔡东就是其中一员。自从1983年大学毕业后,蔡东就一直在汽车行业工作。后来,他当上了重汽的总经理,把主要精力放在了新产品的开发和企业管理上,使重汽和自己都获得了巨大成功。此外还有很多成功典型,比如童金根。他是清华大学的高才生,同样在重汽找到了发展的好机会。他成为重汽的总经济师后,加强公司的资产管理,并在很多方面发挥了重要作用。

在中国重汽,像蔡东和童金根的例子还有很多。这些经历了21世纪初的重大改革后留下来的员工,在马纯济的领导下,对重汽和对自己都充满了信心。大家齐心协力,不仅找到了重汽重生的好方法,更找到了自己发展的好路子。

这些员工,谁也忘不了当初重汽减员分流时,马纯济对大家伙说的那些话:“重组无情党有情,企业破产,党组织不能散。我们要带着感情分流员工,人员不能一推了之,工龄不能一卖了之,饭碗不能一砸了之。国有企业的员工多年来与企业同生死、共患难,下岗本身就是他们为国家做贡献。职工上有老、下有小,有的一家几代人都是在重汽工作,我们要设身处地地为他们着想。”

价值解析

当集体陷入困境,导致成员的生活和发展受到限制和束缚时,积极寻找改革措施，创造积极向上的环境氛围，并使困难群体获得充分保障，是走出困境的必要方法。同时，深入而全面地了解员工的想法，让员工当家做主，既保障了大家的权利，又大幅提高了企业效益，可谓一举两得。在如此宽松且积极的工作氛围里，人们更容易自由发挥自己的潜力，从而发展成才。

贾平凹的成长故事

我们的国家之所以能够关心到每一个公民的自由和权利，当然是由我国的国家制度和社会制度来决定的。任何资本主义国家的人民群众，都没有也不可能有我国人民这样广泛的个人自由。

——毛泽东《对刘少奇〈关于中华人民共和国宪法草案的报告（草稿）〉的批语和修改》

贾平凹是我国当代文坛屈指可数的文学大家，也是当代中国可以进入中国和世界文学史册的为数不多的著名文学家之一，被誉为“鬼才”。王蒙评价他说:“他的农民模样掩盖了他的精明、智慧。他是个聪明、善于不露痕迹搞幽默的作家。”然而,这个文坛奇才的成功之路是曲折而多变的。他小时候从事或被打算从事过多种“职业”,却从未想到要当一个作家。

那么,他的众多“职业”都是什么?他又是怎样甩开它们,最终选择了作家呢?这件事要从他8岁那年说起。

贾平凹小时候的数学功课并不好,到8岁时还无法顺利地计算10以内的加减法。8岁那年他上学后,父亲想着他将来能做个什么行当,看来账房之类的算是无望了。终于,他发现了儿子的一个“天赋”——画画。一年秋天,贾平凹蘸着黑墨水,在围墙上画了一个四角的亭子,还有几棵树,以及一些波光粼粼的水。邻居们见了,都说这孩子画得好极了。父亲也这么想,于是觉得他将来或许应该当一个画匠。

再后来,父亲又发现了他的另一个“天赋”——放电影。那天,他和小伙伴剪了很多小动物的纸样,拿着手电钻进鸡窝里,模仿起了放电影的样子。几天后,父亲发现了这件事,于是觉得他将来又或许应该当一个放电影的人。他到公社找到真正会放电影的人,想给儿子找点与放电影有关的工作,但后来没有成功。在画匠之后,他放电影的这个职业紧接着搁浅了。

父亲继续思考着他的出路问题,最后决定实在不行就回老家种地,于是开始在附近的村子里为他寻找合适的女孩。

然而,贾平凹并没有按照父母的打算那样发展下去,功课并不出色的他竟然考上了县里的高中。这下可打乱了父亲的计划,他认为村子里从来没有人考上过大学，自己家也不会例外，况且邻村的女孩已经找好了，于是不想让他走上学这条路。好在有母亲的支持，他最终才顺利地去读了高中。

高中毕业后，他考上了一所很普通的专科学校。按照父亲和其他人的想法，他毕业后，应该是回老家当个教师，或者做些其他工作。但是这次，他又没有按照父亲想好的路走下去。

他所在的学校里，有一份自办的报刊，常有同学在上面发表文章。大二的时候，他开始为自己打算，希望自己在毕业前也能在那份报刊上发表一篇文章。于是他开始疯狂地写文章，并为此读了很多书，看了很多报刊，但一直没有成功。他不想把自己辛苦写出来的文字就这样扔掉，后来就试着向市里的日报社投去了几篇，结果竟然成功了！逐渐地，他写的文章越来越多，上报的次数也越来越多。为此，他兴奋极了，还从来没有发现自己竟然有这方面的才能。

在那之后，他推翻了父亲十几年来为他谋划的路，独自走上了文学之路，并获得了巨大的成功。到如今，他已经是我国的文坛大家，出版了多部小说和散文等，还多次获得大奖。这是他父亲之前从来没有想到的。

在一次笔会上，贾平凹给大家讲述了自己的成长故事。故事最后，他总结说，这个世界上更多的人，是被别人安排着过完一生的，被安排着学哪门技术，被安排着进哪个学校，被安排着在哪个单位上班……却从来没有真正自己为自己安排一件事情去做。人在这时候，最需要有一只凳子，你站上去，才会发现，你还有着许多没有挖掘出来的才能和智慧。而这只凳子，就是突然闯进你心中的一个想法、一个念头。没有这个凳子，你永远看不到梦想，更别说拥有它。

价值解析

很多父母都承担了孩子的人生规划师和设计师的责任，让孩子在父母的安排和计划下成长，然而，一些父母的思想容易束缚孩子的思想，甚至因此影响孩子的未来。能够找到自己真正擅长和喜欢的领域，是人们自由发展的前提和基础。所以，不要抹杀孩子的天赋，也不要强行设定孩子的未来。

世界级科学家的成长之路

每个人的自由发展是一切人的自由发展的条件。

——马克思、恩格斯《共产党宣言》

钱伟长是我国近代力学之父，世界著名的科学家、教育家，在数学和物理学方面贡献卓著。在二十几岁时，钱伟长的物理学成就就已经走出了国门。

1940年，他考取了公费留学生，到加拿大的多伦多大学学习。在那里，他完成了一篇很重要的论文——《弹性板壳的内禀理论》。这篇论文只花去了他50天的时间，但结果却异常辉煌——它被发表在世界导弹之父冯·卡门的60岁祝寿文集里。

钱伟长当时的成就还不止如此。在二战时期，德国的导弹一颗接一颗地打到英国伦敦。英国首相无计可施，只好向美国求助。钱伟长在冯·卡门主持的研究所里得知了这个消息后，开始研究可行方案。经过仔细研究后，他发现德国每次发射导弹时都是在欧洲的西海岸，而这些导弹全部落在伦敦的东区，他以此推断德国导弹的最大射程也就如此。所以，他建议英国在伦敦市中心地面造成多次被导弹击中的假象，德军就会误以为自己的导弹能够击中伦敦市中心，就会一直按原来的方法进行攻击。结果，英国成功地骗过了德国，伦敦市中心避免了被导弹攻击的厄运。几年后，丘吉尔还连连称赞提出这个建议的“青年真厉害”。

不过，这个厉害的青年虽然后来在物理学和数学领域风生水起，但开始时这些却都是他的弱项，他最初打算学的是中文。

18岁时，钱伟长同时被清华、交通等5所名牌大学录取，最终他选择了清华。考清华时，他的国文和历史成绩非常好，都是100分，而数学、物理、化学、外语4门加起来才只有25分，其中物理是5分。在这种情况下，他理所当然地选择了中文系。

然而,他刚刚决定好自己的志愿,“九·一八”事变就爆发了。爱国情怀促使着他有了新的想法。他认为只有科学才能救国,于是决定弃文从理,转学物理学。当时的物理系主任是吴有训教授,他和理学院院长叶企荪教授听了钱伟长的想法后,都劝他放弃,还是老老实实地学自己擅长的中文。

钱伟长见计划不成,就每天缠着吴有训。吴有训每天早上8点上课,他6点半就在他的办公室等他。一个星期后,吴有训被缠得没有办法,只好答应了他的请求,但他同时提出了一个条件:如果在一年内,钱伟长的数学微积分和物理成绩达不到70分,他就必须回去学中文。

在之后的时间里,钱伟长开始疯狂地学习。在吴有训的帮助和自己的努力下,第一个学期时,他的物理成绩已经及格了,比入学时的5分进步了很多。一年后,他的数学和物理都得了80多分。本科毕业后,他还考取了清华物理系研究生。他在1942年的时候,获得了加拿大多伦多大学博士学位。后来,他成为中国科学院院士,不过当时叫学部委员。再后来,他在物理学等领域取得的成绩一发不可收拾,最终成为世界级的著名科学家、教育家和社会活动家。

价值解析

自由宽松的文化氛围,是人们可以自由选择的环境基础。公民有自由选择的权利,社会要尊重并保障这种权利。这样,人才才得以自由全面发展。所以，自己不要限制自己能力的发挥，其他人也不要用分数衡量一个人的能力。

“李宁”从哪里来

创造宽松和谐的环境，有利于创新人才的涌现。应该针对专业技术人才的成长和工作特点，努力营造一种尊重特点、鼓励创新、信任理解的良好环境。

——江泽民《人才资源是第一资源》

李宁是我国著名体操运动员，赢得过100多枚金牌，曾经创造过世界体操史上的神话，被誉为“体操王子”。26岁时，他正式退役。离开体操队后，像其他很多运动员一样，他逐渐远离了鲜花和掌声，开始思考一个现实的问题，就是回归平淡的生活，开始找工作。

在他之前的很多体操运动员，在退役后有的做了体操队的顾问，有的做了和体操相关的管理工作，等等。总之，他们之后的生活和工作都没有离开体操。李宁退役时面临的情况也大抵如此。有人希望他继续做与体操相关的工作，还有人想请他去国外做教练。在接下来的一段日子里，李宁开始认真地考虑自己究竟要选择其中的哪个职位。

在当时的李宁看来，体操运动员退役后，大抵就适合做这些相关的工作。直到一个朋友的出现，使他的人生之路出现了转折。

这位非常欣赏他的朋友找到他，给他推荐了一个工作，但与其他人的都不同。他告诉李宁，希望他能到自己的企业去工作。李宁听了非常惊愕。自己已经做了十几年的运动员，从没想过会离开这个圈子去做生意。于是，他当下就回绝了朋友，说自己唯一熟悉的只有体操这个领域，现在来邀他去工作的也都是一些和体操有密切关系的工作，而且当时还没有运动员退役后从商的先例，他也没有把握是否能做好生意，恐怕难以胜任朋友所推荐的工作。

朋友耐心地劝说他，说要邀请他一起去开发体育用品，体育用品也是他所了解的，并一再表示会全力支持他的工作。终于，李宁有点动心了，他决定跳出原来的思维圈子，认真考虑考虑朋友的这个邀请。他征询了一下家人和朋友的意见，大家基本都认为他毫无经验，不赞成他去从商。这下李宁更加犹豫了，原本下定的一点决心，也逐渐被这些反对的意见所冲淡了。

在那段时间里，他反复思考着这个问题，毕竟这个决定关乎自己的将来，他必须慎重选择。同时，邀请他去做体操工作的人越来越多，大家都在等待着他的回复，他必须做出选择了。

终于，他咬紧牙关下定了决心，决定答应朋友一起去经营体育用品。得知了他的决定后，大家都纷纷劝说他，让他像其他很多退役运动员一样做自己最擅长的东西。在众人的纷纷议论中，李宁还是义无反顾地顶着巨大的压力走上了商业之路。

从此，他开始了低调的生活，和朋友一起兢兢业业地做起了生意。几年后，“李宁”体育用品逐渐被人们所熟知，大家才吃惊地发现，当年那个青涩的少年，已经成为一个名副其实的企业家。李宁创造了一个体操神话之后，又创造了一个商业神话，无论是搏击体坛还是纵横商海，他的成就都是辉煌的。

后来，有人问起他当年退役后为什么会放弃自己最擅长的体操行业，而选择从商，他这样回答：“那些和体操有关的工作，的确是我最擅长的领域。可是，做体操队的教练、顾问，或是管理人员都和做运动员大不一样，我没有特别大的把握能把这些工作做得风生水起。而去开发体育用品，我却有着天然的优势。因为我自己曾经就是运动员，我知道什么是最适合运动员的，而且我的企业和上司能给我最大的支持，我觉得在这个领域里有很大把握，所以我才下决心踏上了从商之路！”

如果李宁当初选择继续从事体操相关工作，而没有选择从商，他是否会成为一个同样出色和成绩辉煌的教练、管理者或者其他，我们不得而知，但可以确定的是，那将会使中国商界少一个神话。这是一个敢于挑战者的成功，一个“叛逆者”的成功。

价值解析

罗斯福总结的四项人类基本自由中的第一项，就是“在世界的一切地方，一切人都有自由与表达意见的自由”。一个人能在物质条件和精神条件的双重满足下，按照自己的意愿选择自己喜欢的行业，而不是循规蹈矩，走其他人的老路子，这是这个人自由发展的重要一步。

放　生

人生来是自由的，他就是自由的。

——恩格斯《致弗里德里希·格雷培》

抗日战争前的一天，在苏州长安镇火车站，乘客人来人往，好不热闹。人群中，有一个人与别人不同，他既没有要乘车的意思，也没有要等什么人，而是悄悄跟在另一个人身后。自从那人下了火车，他就一直这样跟着他。不过，他可不是坏人，他是一位便衣侦探。他跟踪的那个人穿着布长袍，在肚子的地方不知放了什么东西，明显地鼓了起来，他在外面用手托着，样子非常可疑。这位侦探见他从一列火车上下来，又上了另一列通往杭州的火车，就跟着他也上了车。一路上，那人一直抱着袍子里的东西，似乎并没有发现已经被跟踪，而侦探却一时一刻也不敢大意，总留着一只眼睛在他身上。终于，火车抵达杭州，看样子那人要下车。侦探认为出站的时候是个好机会，那时的他精神会稍稍放松，可以一举把他拿下。果然，那人前脚一出站，侦探后脚便猛地扑过去，很轻松就捉住了他，他想反抗但也没有办法了。

侦探捉住人后，想看看他衣服里到底藏了什么见不得人的东西，于是伸了一只手进去，想把它扯出来。咦？他摸到了一个又细又硬的类似树枝的东西，这是什么？他一边疑惑着一边抓住那截“树枝”一下子把它扯了出来。这时，在场所有围观的人，包括他自己，都不禁愣住了，接着就是一阵哄堂大笑。原来，他扯出来的，竟然是一只活生生的鸡。鸡的一只腿被他紧紧抓着，头倒悬在半空中，另一只腿和翅膀由于受到惊吓而胡乱扑腾着。同样受到惊吓的还有被他跟踪了一路的那个人。

这时，车站外冲进来一个人，是来迎接那个人的朋友，两个人一起跟侦探说明了原委。原来，那个人笃信佛教，他带这只鸡到杭州来，是要把它放生的。临行前，他对鸡起了恻隐之心，不忍心像其他人那样捆住鸡的双脚，倒提着它走，于是才把鸡放在长袍里面，一路托着它过来。

听到这里，侦探才知道自己跟错了人。令他惊诧的是，这个一路上被他怀疑的人不是别人，竟然是我国的漫画大师丰子恺。

丰子恺放生已经不是第一次了。每年在释迦牟尼诞辰日的四月初八这天，他都会去放生，平时也经常放生，有时还带着子女们一起去。他放生的动物，除了鸡外，还有包括鱼虾之类的很多种。不过，只有这次出乎他的意料，被侦探当作坏人捉了起来。

没想到，他本想给那只鸡自由，反而差点失去自己的自由。

丰子恺放生习惯是有传承的，他的父亲丰斛泉就曾多次放生。丰斛泉本来中了举人，但耽误了最后一科科举会试，因而放弃了做官，只好在家里当起了老师。丰斛泉有文化，又热心肠，每逢亲戚朋友有婚丧嫁娶的事情，都请他帮忙写对联或题字。一次，一个渔夫请他写字，他见渔夫穷苦，就没有接受他的酬金。为了表示感谢，渔夫几天后给他送来了七只活的乌龟。当天夜里，他梦见有七位穿着裙子的女子跪在他面前大呼“老爷救命，老爷救命”。醒来后，他感到梦境奇怪，反复思考自己是不是平时做了什么不对的事情，但一直没有头绪。终于，他想到乌龟壳四周有一圈软皮，俗称作“裙”，那么，那七个女子应该就是那七只乌龟了。于是，他立即将它们全部放生了。

丰子恺从小受到丰斛泉的教育和感染，成为佛教居士后，就更加虔心放生。他是著名的漫画大师，他的画多取材于世间的辛酸事，为劳苦大众抱不平。他放生的行为和他画的画一样，不仅是他的一种选择和习惯，也是他尊崇人道的一种体现。他想给动物一个自由，也想为穷苦大众谋自由、谋生存。

价值解析

很多动物连生命都无法自己决定的时候，就失去了最基本的自由。动物为了获得自由，可以自己去争取，可以通过人类赋予，比如放生。人类比动物幸运，在社会主义社会，大多不会像动物那样失去人身自由。不过，除了人身自由外，还有很多方面的自由。要想得到并保持自由，可以自己去争取，或者依赖于社会保障制度，总之，个人和社会都要努力。

第二章 平等

平等，是一个令人向往的概念，是人类共同追求的目标。

党的十八大报告将“平等”作为“积极培育和践行社会主义核心价值观”的重要内容。平等是社会主义的本质要求，在推进中国特色社会主义全面发展的历史进程中，将平等作为价值目标、价值导向和价值追求，具有特殊的价值意义。

平等是人的最基本权利，是处理人与人之间关系的最基本准则，是人类社会的终极理想状态。在社会主义社会，人民是国家和社会的主人，人们平等相待、平等地管理国家和社会事务。平等是社会主义的一个重要标志，是社会主义不可或缺的价值追求。因而，我们要大力培育和实践社会主义平等观。

社会主义平等观的实现意味着，在坚持以发展为主题、不断解放和发展社会生产力的基础上，着力促进与实现政治领域的权利平等、经济领域的机会平等、分配领域的规则平等以及广泛社会领域的形式平等和实质平等，从而营造更加平等公正的社会环境，确保广大社会成员有更多平等参与、平等协商、平等竞争、平等发展的权利和机会。

革命队伍里的官兵平等

必须提高纪律性，坚决执行命令，执行政策，执行三大纪律八项注意，军民一致，军政一致，官兵一致，全军一致，不允许任何破坏纪律的现象存在。

——毛泽东《中国人民解放军宣言》

革命时期，我军队伍里，有这样一个原则是贯穿始终的，就是官兵平等原则。倡导和带头实践这一原则的，是我军的各位首长和干部等。

1928 年 5 月 4 日，朱德到井冈山与毛泽东会师后，万余农军上山，吃饭问题就成了最难解决的问题。

毛泽东和边界党采取了相应的措施，号召全体官兵节约开支，共度难关。毛泽东、朱德率先垂范，带头吃野菜。当时，大家每天只能吃一点粗糙的红米加一点清淡至极的南瓜汤，有时连南瓜也没的吃，就只能去挖一些野菜吃。

一天午饭时，毛泽东看到战士们的情绪有些低落，仔细一问得知，是野菜太苦了，战士们难以下咽。毛泽东听后，往自己的碗里盛了一勺野菜，然后津津有味地吃了起来。一个战士说："毛委员，野菜这么苦，你吃得下？"毛泽东回答说："这种野菜是很苦，可是有丰富的政治营养呢！我们干革命，就不怕吃苦。没有今日的苦，哪有明日的甜呢？"大家听了毛泽东的话都振作了起来，跟着他一起津津有味地吃起了野菜。

当时，军中有一副对联写道：红军中官兵薪饷穿吃一样，白军里将校起居饮食不同。不只是毛泽东，朱德、彭德怀等其他干部也都与战士们吃穿一样。

朱德虽然是红四军军长，但他也是衣衫褴褛，芒鞋草履。大家见他的样子竟然跟炊事员差不多，于是笑着叫他"伙夫"。于是，"伙夫"竟然成了朱德的诨号。

他一直告诫部队的军官，一定要"以身作则，做模范"，"实行官兵一律平等的生活，真正地与士兵同甘苦"，"真正地把'与士兵同甘苦'这句话切实兑现"，充分体现官兵平等待遇的原则。

在土地革命战争时期，朱德和毛泽东与广大指战员同甘共苦。据徐松林回忆说：在整个三次反围攻中，"生活都很艰苦，总司令部经常吃糙米，机会好时能买到菜，否则就把丈多高的竹笋攀下来做菜吃，有时吃野菜，有时把米磨成粉子做菜吃，有时就只能煮些开水拌饭吃。大家吃什么，毛主席、朱总司令也吃什么。"

陈毅嘴边常挂着一句话，就是"我们都是平等的"。他是这样说的，也是这样做的。

1928 年 1 月,朱德和陈毅在领导了湘南起义后,率主力开进郴州。当时郴州地区环境恶劣,垃圾堆、臭水沟遍布,有一首民谣说:"船到郴州止,马到郴州死,人到郴州打摆子。"打摆子也就是疟疾。陈毅率领工农革命军部队到达郴州后,二话不说,带领大家扛着铁锹,挑着水桶,热火朝天地和垃圾堆、臭水沟做起了斗争。很快河流清洁了,街道干净了。

抗日战争时期,一次,陈毅乘汽船去开会。途中,汽船突然起火。当时正值深冬时节,河水冰凉刺骨,但陈毅毫不犹豫,迅速跳入水中指挥灭火,并将不会游泳的警卫员、炊事员救援上岸。事后,附近的部队医院把陈毅等接到医院,给他送来感冒药,但他却拒绝了,他只说了一句"把药片留给病号吧",就匆匆喝了一碗姜汤后离开了。

贺龙在治军实践中,十分重视在人民军队内部建立官兵平等的新型关系。

1928 年冬天,工农革命军遭到了挫折。为了保存力量,贺龙带领队伍来到湘鄂边的高山峻岭之中。这里的环境非常艰苦,贺龙和战士们一样,只穿着单衣和草鞋,连续几天都吃不上一粒盐。一次,炊事员不知从哪里弄到了一点点盐,于是专门给贺龙炒了一碗有盐的辣子。贺龙吃了一口,知道这是炊事员给他专门做的,于是把它倒进了战士们吃饭的大锅里。炊事员急忙劝阻说:"军长,你肩膀上的担子重啊!看你,眼眶亏了,人也瘦了。"贺龙听了笑着说:"我们大家担子都重啊!红军嘛,官兵一样,有盐同咸嘛!"

1929年春的一天，一位炊事员见贺龙更消瘦了，便专门给他做了苞谷饭。吃饭时，贺龙一见到炊事员给自己送的饭，马上把它给了一个负了伤的战士，自己却去盛野菜。炊事员劝他说：“军长，你的身体越来越瘦了，担子又重，今天就不吃野菜了。”贺龙告诉他：“战士吃什么，我就吃什么，我不能脱离战士。”之后，他把炊事人员都喊到身边，给他们讲革命队伍官兵平等的道理，再三告诉他们以后绝不能再给他搞特殊。

像毛泽东、朱德、陈毅和贺龙这样注重官兵平等，爱护士兵的例子，在我军中数不胜数。这些故事，无声地命令、鼓舞着战士和人民度过了无数个艰难困苦的岁月，使革命取得了一个又一个胜利。

价值解析

毛泽东说：“上下级的关系应当密切，应当是一种同志的关系。干部跟战士的关系应当密切，应当打成一片。”也就是说，无论是高高在上的干部，还是普通的战士，都应该同甘共苦，保持平等的关系。这一原则不仅适用于革命时期我军队伍，也适用于今天的所有工作团队。

自己动手的毛泽东

共产党员在民众运动中，应该是民众的朋友，而不是民众的上司，是诲人不倦的教师，而不是官僚主义的政客。共产党员无论何时何地都不应把个人利益放在第一位，而应以个人利益服从于民族的和人民群众的利益。

——毛泽东《中国共产党在民族战争中的地位》

延安大生产运动期间，在毛泽东等人的争取下，1939年时形成了这样一个规律，就是上自毛泽东、朱德，下至每一位普通战士，都要参加生产劳动。1940年，中共中央对参加劳动的人员进行了规定：女同志和体弱的同志不参加重体力劳动；50岁以上的老同志和15岁以下的小同志免除生产劳动；工业部门、医院、休养所、保育院、小学教员不参加粮食生产，主要从事蔬菜生产；较远地区的生产，组织专业生产队伍进行。在这个规定中，没有说明毛泽东等中央领导同志免除劳动。这也是毛泽东等人争取来的。

毛泽东不仅是大生产运动的倡导者，也是实践者。像其他战士一样，毛泽东也有生产任务，也要开荒种地。

毛泽东就向大家发出了“一面工作，一面学习，一面生产”的号召，并在窑洞门前选了一块空地，准备自己开荒。毛泽东喜欢在夜间办公，白天休息，所以当大家还在沉睡时，已经工作了一夜的毛泽东就会在休息前到地里干一会儿活。回窑洞休息一会儿，起来办公一阵，又出去挖地。警卫员见毛泽东下地，也急忙拿起锄头跟着他一起挖。每到这时，毛泽东就会立刻阻止说：“你们有你们的生产计划，我有我的生产任务，就这点地，你们都挖了，我没有挖的了。”

挖了不多久，毛泽东根据少年时种田的经验，估算着有一亩地了，于是找人来量一量，结果果然是一亩地。挖好地后，他和警卫员们垒起了个小水坝开始浇地。几天后，地里就陆续被种上了洋芋，栽上了茄子、西红柿和辣椒。

第二年，毛泽东请来杨家岭的老乡当顾问，他一有空便到菜地里施肥、浇水、锄草，不久，地里便有了黄瓜、白菜和丝瓜。地里的菜除了供自己吃外，他还经常拿这些劳动果实来招待客人或送给其他同志。

大家都知道毛泽东平时工作繁忙，可他还是经常在地里锄草、浇粪。很多人不忍心让毛泽东在繁重的工作之余还辛苦劳作，于是想为他代耕。这件事，毛泽东的警卫员冲在了前头。

毛泽东听说警卫员要为自己代耕后，很高兴地对警卫员表示感谢。直到 1943 年 5 月，毛泽东的住地由杨家岭搬到枣园时，警卫员仍为他代耕。

一天晚饭后，毛泽东穿着旧布衣和黑粗布鞋在外面散步，走着走着就走到了不远处的果木园。见有同志在园子里谈生产问题，毛泽东走过去，和大家打过招呼后，就坐在了旁边的石凳上。警卫员赶紧去拿木凳子，却被毛泽东制止了："这就蛮好，不用拿了！"接着，他跟大家聊起了天，问问他们叫什么名字，多大了，家在哪里，什么时候入伍。说着说着，毛泽东像是忽然记起什么事情来，对大家说："你们那样辛苦，还要给我们代耕，那怎么行咧！"同志们赶紧回答说："主席谋虑革命大事，又忙又累，夜晚工作到天亮，休息时间都很少，我们多劳动一点算什么，代耕完全应该！"毛泽东便笑着说："你们还有道理！那我就谢谢你们对我的关心！"

除了警卫员希望为毛泽东代耕，边区群众也都希望能为他代耕。

农民郭方成在计划着分给毛泽东一块地时，就提出了要替毛泽东种地，但被毛泽东婉言谢绝了。后来，有一位农民成功实现了代耕的愿望，他叫杨步浩。1943 年年初，杨步浩听有的领导说："我们应该好好地劳动生产呀！毛主席都亲自劳动上交公粮哩！"他马上就决定要代耕。经过几番请求，县委终于同意了他的意见，并把他要为毛泽东代耕的事写信告诉了毛泽东。毛泽东在回信中说："看了你们的信我很高兴！你们代我耕地的心意我很欢迎！"当年 7 月，杨步浩去给毛泽东送代耕粮时，毛泽东亲切地见了他，并多次感谢和赞扬他为自己代耕。

和毛泽东一样，朱德等其他领导人也纷纷自己动手开荒、种地，不到必要时候，绝不同意别人为自己代耕。

价值解析

身为领导者，不但不以权压人，而且与基层同志相互尊重、共同劳作，这是人格平等的体现，也是正常人际关系建立的前提。要想得到别人的尊重，就要先懂得尊重别人。

不搞特权的主席

我到北京工作以后一直强调，不能因为我担任了现在这样的领导工作，就对与我有关的事情和人物进行过分突出的宣传，更不要去宣传我的家庭。对我的家庭成员和亲属，我历来是严格要求的。

——江泽民《不要突出宣传领导同志个人》

新中国成立后，刘少奇担任党和国家的重要领导职务，在人民中享有崇高威望。他虽然身在高位,但坚决反对追求任何形式的特权。他多次强调指出,应该使我们国家领导人员的生活水平同群众的生活水平不要相差悬殊。看到有的干部生活奢侈,他就非常生气,比如1959年年底,他在海南岛看了为江青修的豪华别墅后,就非常气愤,甚至说:“这样搞是要亡国的!”他不仅不希望其他干部搞特权,对自己的要求更加严格。

他有一个规矩叫作“四不准”:一是每次到地方上工作,不要人接送;二是到任何地方都不准请客吃饭;三是不准要别人的东西,即使送上门来也要婉言拒收;四是参观时只要有个向导引路就行,不要前呼后拥地陪同,也不要影响地方负责同志的工作。每次外出考察或工作前,他都要把身边的工作人员叫来,亲自向大家交代“四不准”的规矩。

对待自己的亲属,刘少奇从不搞特权,从不徇私情。在家乡他有许多侄孙晚辈,可是在新中国成立的20多年里,没有安排过任何一个亲属出外工作。一次,他在家乡的姐姐给他写信,希望他能利用手中的权力帮一帮她,她说:“我在塘边,一边打水一边想,我弟弟在北京做大官,可是我在这里打水。”刘少奇回信说:“我看到你的信,知道你在打水,在劳动,靠劳动生活,我感到光荣,如果我姐姐还在继续靠剥削生活,我会感到羞耻的……”最终也没有给姐姐半点私利。

一次,他回湖南调查,去看望他年过七旬的姐姐。姐姐的生活极其贫困,刘少奇心里虽然很难过,但他从不会给她任何特殊照顾。这次,他送给姐姐的礼物也十分简单,只有五斤米、两斤糖果、两斤饼干、九只咸蛋和不到一斤的猪油。

刘少奇这样“难为”自己的亲戚朋友，对自己更是苛刻。长期艰苦的革命斗争生涯，锻造了刘少奇吃苦耐劳的品格。无论是在延安时期，还是新中国成立以后，他几十年如一日，始终坚持艰苦奋斗的优良作风，与人民同甘共苦。

王光美回忆说，刘少奇对自己、对孩子要求都十分严格，在吃穿用上注意节省，从不浪费。

1952年以前，刘少奇住的是一幢旧式房子。一家好几口人，只有三间房子，而且都已经十分破旧。其中一间是办公室，一间是会客室，剩下一间是卧室。后来，管理部门给他安排了稍微好一点的房子，但他依然保持艰苦作风，屋子里的设施仍然简单至极。

刘少奇办公室和楼道走廊的地板比较滑，不留神就很容易摔倒。于是，趁刘少奇到外地去工作，管理员就私自在走廊里铺了一条地毯。刘少奇回来后很不满意，马上就让人撤掉了。工作人员劝他说，铺上地毯能防滑，是为了安全才这样做的。但刘少奇却说：“用这个太浪费，太贵。”后来，他们只好铺上了橡胶垫条。刘少奇在上面走了走，很高兴地说：“这个好，这个东西便宜，结实又耐用，走路也不滑，铺这个就行了。”

刘少奇的穿戴一向朴素简单。1952年到1968年间，他常穿着一件蓝灰两色羊毛衣。毛衣已经非常破旧了，里外两面共有20多个小洞，他还舍不得扔。他的其他衣服也都非常朴素，不是磨破了袖口和领子，就是已经洗得褪去了原来的颜色，但他还依然穿着。

刘少奇对自己和家人如此苛刻，对百姓却非常好。

1961 年，年已六旬的刘少奇由广州到湖南调查了一个多月后，又千里迢迢赶往东北。在东北林区，他和大家同样穿着雨衣雨靴，步行在泥泞崎岖的山间小路上。一根普通的树枝，既是他的拐杖也是他用来驱赶蚊虫的工具。有时大家要步行几十里山路，他换下的衣衫不仅被汗水和雨露浸透了，上面还经常有血迹。他虽然贵为主席，但走在群众中间，完全没有半点架子。白天和大家一起工作，晚上和大家一起座谈或聊天，已经完全把自己和百姓融为一体了。

刘少奇和毛泽东、周恩来、朱德等老一辈革命家一样，从不讲究吃穿，尽量让自己和群众一样，也从不为自己搞特权，尽量让自己和百姓站在同一水平线上。他做的是高官的工作，过得却是平民的生活。

价值解析

党群关系、政群关系，都应该是平等的关系。干部首先要放下架子，虚心听取百姓的意见和建议，与群众同甘共苦。官民平等相待，互相尊重和理解，共同努力，才能把社会主义社会建设好。

亲切的“八大员”

人生本平等，职业无贵贱。三百六十行，行行都是社会所需要的。不管他们从事的是体力劳动还是脑力劳动，是简单劳动还是复杂劳动，只要有益于人民和社会，他们的劳动同样是光荣的，同样值得尊重。

——习近平《人生本平等，职业无贵贱》

1940年以前，我军内部分工不同的同志有着不同的称呼。它们和如今的称呼不同，比如，负责做饭的同志被称为伙夫，负责养马喂马的同志被称为马夫，其他的还有卫兵、号兵、勤务兵等。显然，这些称呼都带着些许贬义。后来，军内做了统一改变，改成了我们如今所熟悉的“八大员”。这一改变的主要倡导者之一，是刘伯承元帅。

刘伯承是我国革命史上不能不提的一位巨人，他经历了中国革命战争的全部过程。他判断敌情准确，计划战斗周密，善于出奇制胜，以神机妙算、足智多谋著称。朱德曾赞誉他“具有仁、信、智、勇、严的军人品质，有古名将风，为国家不可多得的将才”。邓小平在《悼伯承》一文中写道：“伯承同志是我党我军的大知识分子，大军事家。他的军事指挥艺术和军事理论造诣，在国内外屈指可数。”“对于毛泽东军事思想的形成和发展，伯承是有大贡献的。”而他自己却谦逊地说：“我自己的一生，如果有一点点成就，那是党和毛主席的领导所给我的。离开党，像我们这些人，都不会搞出什么名堂来的。因此，我愿意在党的领导下，做毛主席的小学生，为中国人民尽力。如果我一旦死了，能在我的墓碑上题上‘中国布尔什维克刘伯承之墓’十二个大字，那就是我最大的光荣。”

刘伯承对中国革命军队的建立和壮大，对革命战争的胜利和新中国的成立，对我军向正规化现代化的迈进都做出了不朽的贡献。其中，在对部队正规化建设所做的贡献中，八大员称呼提倡是一个突出的例子。这件事要追溯到1940年。

1940年百团大战时，前方缴获了许多战利品。8月的一天，129师供应部送来了一些缴获的罐头。首长提议把它们分给勤杂人员。当时的卫生所所长赖以明接到这个任务后，就跑到院子中间大叫：“伙夫、马夫、卫兵、号兵！大家快来呀，有好吃的。”

赖以明这样招呼大家时，时任129师师长的刘伯承和政委邓小平都在场，他们听到后不约而同地看着赖以明。过后他们还站在院子里，像是在商量什么大事。第二天，刘伯承把赖以明叫到办公室说：“我今天要同你们商量一件事，我们的伙夫、马夫应该取个什么名？”在场的同志听了哄笑起来。刘伯承说：“你们不要笑，这是革命家庭的大事，我们革命的军队官兵平等，都是革命大家庭的一员。”接着，他提出了为同志们改变称呼的具体建议。他说：“今后，伙夫就叫炊事员，马夫就叫饲养员，挑夫就叫运输员，卫兵就叫警卫员，号兵就叫司号员，勤务兵就叫公务员，卫生兵就叫卫生员，理发师就叫理发员。我们人民军队是礼义之师、文明之师，称呼应该文明。”

听了刘伯承的建议，大家纷纷点头称是。从那以后，129师机关再也没有人喊“伙夫”、“马夫”，都改成了亲切的“炊事员”、“卫生员”、“饲养员”了。很快，这八个新的称呼传遍了整个解放区。后来，为了体现官兵一致，同志们的称呼问题又有了进一步的改进：将军官改称为指挥员，士兵改称为战斗员，司令改称为司令员。这样的称呼不仅叫起来容易，而且明显地密切了官兵和上下级关系。

新中国成立后，八大员有所改变，变成了售票员、驾驶员、邮递员、保育员、理发员、服务员、售货员、炊事员。大家还谱写了一首歌曲，叫作《歌唱光荣的八大员》。

刘伯承在部队的正规化建设更是有口皆碑，八大员称呼的出现，无疑是他对我军所做的贡献之一。

刘伯承的次子刘蒙说：“我们军队用的‘八大员’，从司令员到炊事员，也是父亲翻译的，他的意思是要体现官兵平等，所以都是‘员’。我军的参谋系统也是他首先建立起来的，在司令部工作的人员叫参谋，在政治部门工作的人员叫干事，在后勤部门工作的人员叫助理员。实际上，从外文的角度看，都是一个字，他根据不同的情况，把它区分开来。”

价值解析

毛泽东说:“革命工作只有分工不同,没有高低贵贱之分,我们的同志不论职务高低,都是人民的勤务员。”不同的称谓应该只是不同工作的一种代表,但带有褒义或贬义的称谓,无疑将使人们的地位出现高低贵贱之分。通过统一处理称谓,既使整体走向正规化,又使个体之间的关系更加密切,可谓一举两得。

平民教育家

只有我们的同志尊重群众,信任群众,群众才会尊重我们,信任我们。

——刘少奇《关于白区的党和群众工作》

陶行知是我国伟大的人民教育家。宋庆龄赞他为“万世师表”,董必武赞他为“当今一圣人”。1914 年,陶行知以第一名的成绩从南京汇文书院毕业，毕业后前往美国学习。他从美国回来时，国内正兴起五四新文化运动，他马上以巨大热情投身教育改革，主张用平民教育为“中国教育寻觅新的曙光”。

陶行知开始办平民教育时，吃过不少闭门羹。一次，他到教堂去给工友们讲课，就吃了一个闭门羹。他站在门外敲了很长时间的门，就是没有人回应他。他无奈只得独自离开。在回去的路上，心情苦闷的他越想越气愤，于是绕道去了一个朋友家里诉苦。他说明来意后，朋友带他走到窗前，让他去观察街上来来往往的人群。这些人里，有穿短布衫裤的农民，有蓬头垢面的孩子，还有衣衫褴褛的乞丐。朋友看着陶行知的西装领带和被擦得锃亮的皮鞋说：“陶先生，你搞平民教育，对象是小贩、店员、工友、用人等平民，但你穿了洋装，衣冠楚楚，人们以为你不是稽查就是大老板，谁还敢和你接近呢！”

陶行知听了恍然大悟，急忙上街买了一套中式服装，还配了一顶西瓜皮帽。他为此非常欣慰，不仅留照纪念，还专门写信给妹妹说：“我本来是中国的平民。无奈十几年的学校生活，渐渐地把我向外国贵族的方向转移”。“好在我的中国性、平民性是很丰富的。经过这一番觉悟，我就像黄河决了堤，向那中国的平民的路上奔流回来了。”

陶行知不止在装扮上和思想上平民化，在行为上更是向平民化靠近。他对待贫苦大众，就像对待自己的亲人一样。

一天，陶行知出门去乘长途汽车，但他等了好久都不见车来，于是雇了一辆人力车。当时正值盛夏，酷暑难耐，车夫只拉着空车时就已经汗流浃背了。陶行知坐到后面的车座上,看着车夫吃力地小跑着,手臂上青筋暴起,后背上的汗滴下来,上衣就像刚洗的一样。转过一个路口时,路边没有了树也没有房屋,车夫的境遇就更糟了。他虽然不得不放慢了脚步,但口里依然不停地喘着粗气。陶行知见状,再也坐不下去了。他让车夫停下,然后从车上走下来,亲切地说:“天太热了,你休息一下吧。”车夫满怀歉意地说:“先生,我喘口气马上就拉你走。”陶行知连连摇头:“我不坐了,你坐上去,我来拉你。车钱我照付。”车夫见陶行知一副斯文人的打扮,怎么会拉车呢?于是说:“先生别开玩笑了,还是你坐上去吧。”陶行知坚持不坐,车夫没有办法只好坐了上去。陶行知握住车把,刚一起步便觉得非常沉重,虽然使了很大力气,车子也只能一步一歪地缓缓向前走,要像车夫那样小跑是绝对不可能的。不一会儿,他就累得喘不上气来。车夫不等叫他停车就从车上跳下来说:“先生,这是我们干的活,你怎么能干呢!还是你坐上去,我来拉你。”

陶行知停下来一边擦汗一边说:“今天你是我的老师,我跟你学会了拉车,我要谢谢你呢。车钱我照付给你,但我不坐了,你回去吧。”于是,他顶着烈日,自己徒步走到了目的地。到了地方,他对大家说:“今天我学拉人力车,才知道拉车的辛苦。从此,我不再坐人力车了。”从那之后,每次下乡,如果没有长途汽车,他就总是走着去。一次,他去儿童书店买书,自己搬不动,于是雇了一辆人力车。但他只是把书放在车上,自己却不坐上去,跟着车夫一起走了回去。

价值解析

人人生而平等，无论所从事的职业是什么，都应该同等地被尊重。只有端正心态，把自己融为普通百姓中的一员，才能更好地与民同乐，为人民群众做更多的贡献。

恢复高考的故事

生活在我们伟大祖国和伟大时代的中国人民，共同享有人生出彩的机会，共同享有梦想成真的机会，共同享有同祖国和时代一起成长与进步的机会。

——习近平 2013 年 3 月 17 日《在第十二届全国人民代表大会第一次会议上的讲话》

1952 年，我国建立了全国统一高等学校招生制度，也就是高考，但在 1966 年时被废止了。在之后的三年里，中国大陆所有大专院校都停止了招生。1970年,为落实毛泽东“大学还是要办的”及“要从有实践经验的工人农民中间选拔学生,到学校学几年以后,又回到生产实践中去”的指示,北京大学、清华大学等部分高校开始招收工农兵学员。1971年,全国教育工作会议做出规定:高等学校恢复招收新生,招收初中毕业经过两年以上劳动锻炼的工农兵学员。

1972年10月14日,为了尽可能提高大学教学质量,周恩来提出中学毕业生可以直接上大学。他说:“对学习社会科学理论或自然科学理论有发展前途的青年,中学毕业后,不需要专门劳动两年,可以直接上大学,边学习,边劳动。”不过,这一政策最终没有实行。

1975年,邓小平主持党政军日常工作,对当时的大学招生方法和教学质量提出批评。他说:“我们有个危机,可能发生在教育部门,把整个现代化水平拖住了。”“大学究竟起什么作用?培养什么人?有些大学只有中等技术学校水平,何必办成大学?”“一点外语知识、数理化知识也没有,还攀什么高峰?中峰也不行,低峰还有问题。”邓小平本来计划搞一些试点,通过考试直接从高中生中选拔一批优秀学生到大学深造。但最终,这些主张依然没能得到实施。

1977年5月,邓小平看到人才匮乏已成为我们实现四个现代化奋斗目标的最大制约,他指出:“同发达国家相比,我们的科学技术和教育整整落后了20年。科研人员美国有120万,苏联90万,我们只有20多万,还包括老弱病残。”于是,他郑重地向中央提出在恢复工作后分管科技、教育工作的请求。

恢复高等学校招生考试制度，是邓小平酝酿多年的一个重大举措。

他原本的计划是，用1977年一年的时间做准备，到1978年正式恢复高考。考生一半来自应届高中毕业生，一半来自社会，然后逐步走向正轨。可喜的是，在邓小平复出工作主持召开的第一次会议上，这个方案被提前实施了。

1977年7月29日，邓小平在听取方毅、刘西尧等汇报时提出，他近期要主持召开一个科教工作座谈会。按照他的要求，中国科学院和教育部邀请了33位专家学者，包括吴文俊、马大猷、金善宝、周培源、何东昌等，在8月3日这天到北京饭店报到。第二天，在邓小平的主持下，大家召开了五天会议。在邓小平的引导下，大家热烈讨论了很多问题，其中之一就是提高教学质量、改革招生制度。

邓小平最初是“同意今年的招生基本上还按原来的办法”的，因为在他的计划中，恢复高考需要一年的准备时间。

在会上，邓小平对大家说：从明年开始执行新的教育制度。今年做准备，把学制、教材、教师、学生来源、招生制度、考试制度、考核制度等都确定下来，都要搞好。搞好后就不要经常变动了。他询问专家们，用一年的时间准备可不可以。

大家被邓小平的真诚感动了，许多学者连夜赶写发言提纲，研究思考高考制度问题。

8月6日，武汉大学化学系副教授查全性在发言中，强烈要求必须立即改进大学招生办法。他的发言引起与会者强烈共鸣，吴文俊、王大珩、邹承鲁、汪猷等纷纷表示赞同。

邓小平问坐在身边的教育部部长刘西尧：今年就恢复高考还来得及吗？刘西尧说，推迟半年招生，还来得及。邓小平听了，当场决断：既然今年还有时间，那就坚决改嘛！把原来写的招生报告收回来，根据大家的意见重写。招生涉及下乡的几百万青年，要拿出一个办法来。今年就开始改，不要等了。

于是，恢复高考制度这样一个重大决策就出台了。直到今天，这一制度还在沿用。

通过高考，国家的高等教育资源对所有公民平等开放。所有符合规定的中国公民，都有相同的机会和权利参与高考，而且，在成绩面前人人平等，这是一种相对公正、公平的人才选拔形式。

价值解析

恢复高考后，所有考生，无论来自城市还是农村，只要成绩合格，就能名正言顺地接受高等教育。所有人按同一规则参与竞争，有效缓解了高教资源面前谁享受谁不能享受的矛盾，保证了社会公平公正与和谐稳定。

人大代表谁能当

不平等必将消灭。而为了彻底做到这一点，必须有无产阶级的政治统治。

——恩格斯《恩格斯致卡洛·卡菲埃罗》

2013年春天，十二届全国人大一次会议召开前，山东省东营市蜜蜂研究所所长宋心仿在紧张有序地准备着会议所需材料。他是山东省选出的全国人大代表，也是全国蜜蜂行业唯一的代表。

2008年1月起，宋心仿就当选了全国人大代表。从那时起，他就担当起了全国养蜂人的忠诚代言人的重任。为了倾听全国养蜂人的心声，广泛征求养蜂人的意见建议，他开通了全国第一条养蜂热线。他常说，他的电话在养蜂界是公开的，当选人大代表后，短信和电话明显增多了，反映问题的、诉苦的都找他。经常有人在夜里也会打电话过来。

在第一次参加全国人代会上，宋心仿就提交了27条建议，经审查全部被立案交办。这个质朴的山东人,提出来的建议代表着全国养蜂人,也代表着广大基层,带着浓浓的“地气”。他说:“人大代表提交建议的目的是为了解决问题,绝非是为了获得一纸答复。”

像宋心仿一样,在十二届全国人大的2987名代表中,来自一线的工人、农民代表有401名,占代表总数的13.42%,比十一届提高了5.18个百分点,其中农民工代表数量大幅增加。

如果在几十年以前,宋心仿可能没有机会当选人大代表,至少机会比现在要少很多。因为在开始,国家在选代表时,城乡的比例是8∶1。也就是说,在直辖市和人口在五十万以上的省辖工业市里,从十万人中选一个代表。而在普通的省里,从八十万人中选一个代表。这样一来,普通人被选为代表的机会就很少很少。

不过,当时也没有办法让全中国所有人获得相同的机会。因为到1949年年末的时候,我国的农业人口约占全部人口的80%,如果按照1∶1的比例选代表的话,结果会是最终的代表中,每十个人里就大约有八个是农民。

所以,邓小平解释说:“这些在选举上不同比例的规定,就某种方面来说,是不完全平等的,但是只有这样规定,才能真实地反映我国的现实生活,才能使全国各民族各阶层在各级人民代表大会中有与其地位相当的代表,所以它不但是很合理的,而且是我们过渡到更为平等和完全平等的选举所完全必需的。”

后来,随着社会的发展进步,广大基层代表当选人大代表的机会越来越大。

1953年后,我国的选举法又经过了多次修订。终于在1995

年时，把原来的比例从 8∶1 降到了 4∶1。后来，越来越多的人希望比例能降到 1∶1。2010 年 3 月时，十一届全国人大三次会议表决通过了关于修改选举法的决定，比例终于降到了 1∶1。

从此，无论是在城市还是在农村，相同人数的人大代表所代表的人数，都是相同的。

不仅如此，国家还照顾到了一些边远地区，比如贵州、甘肃等。这些地方的代表数有所增加，而北京、上海等地的代表数则有所减少。

正因为这样，像宋心仿等很多基层的同志，才有更多的机会被选为人大代表，代表广大群众向党和政府传达自己的心声。

价值解析

平等是中国人大代表选举制度的核心原则之一。平等原则体现在选举制度中应包含两层意义：一个是投票权平等，也就是一人一票；另一个是代表名额分配平等，也就是每一代表所代表的人口数应相等，同票同权。其中，一人一票是基础，同票同权是更高层次的平等。

公推直选的故事

平等是法国的用语，它表明人的本质的统一，人类的意识和行为、人和人的实际的统一，也就是说，它表明人对人的社会关系或人的关系。

——马克思和恩格斯《神圣家族》

我们现在党内选举实行的是 20 世纪末到 21 世纪初出现的一种新的模式，叫作“公推直选”。公推，也就是大家公开推荐某些基层党组织领导班子成员。直选，也就是党员直接选举基层党组织书记、副书记。公推直选是基层党内民主建设的创新实践，是党内建设中具有标志性的创新成果之一。

2001 年时，四川平昌等地首次运用了这个模式进行选举。后来，江苏等地纷纷效仿，取得了良好的社会效果。比如，2009 年 7、8 月间，江苏南京就有 363 个城市社区采取了公推直选方式产生新一届党组织领导班子。

在南京，随着经济的发展，很多社区的规模越来越大，人口众多，管理困难，而且组织形态越来越多，出现了物管公司、业主委员会、中介机构等，加上其他一些问题，导致换届前社区党组织班子出现了重要问题。

班子的成员大多数都是企业改制转到社区的老党员。他们的年纪普遍偏大，而且文化水平都不高，能力和素质很难适应新时期的发展。

所以，早在 2004 年，南京市就在一些社区党委进行公推直选试点。到 2005 年时，先后有 5 个城区的部分社区和江宁区的土桥镇都开展了试点，之后的数目不断增多。如上文所说，到 2009 年 7、8 月间，南京市全面推行公推直选社区党组织领导班子成员的社区，就达到了 363 个。

下面，让我们身临现场，看一看南京市鼓楼区中央门街道工人新村社区的人们，是怎样通过公推直选来选举他们的班子成员的。

2009 年 8 月 26 日上午，在公推直选社区党委领导班子的选举现场，有两位候选人成了焦点。他们一位是有着近 10 年的社区工作经验的老书记谷宁丽，另一位是年轻有为、敢于创新的事务科科长王雁。

面对两人的激烈竞争，大家睁大了双眼，想看一看到底谁优谁劣。

这时，一位老党员发问："我们社区靠近长途汽车站和火车站，来来往往的人比较杂，请问谷书记，如果你当选，怎么增加居民的安全感？”这个问题难不住经验丰富的谷宁丽，她不慌不忙地回答说：“我将在技术防范的基础上，发挥社区民警、党员和群众志愿者作用，我相信，只要每位居民紧绷安全这根弦，我们的社区治安一定能搞好。”

话音刚落，另一位党员接着问：“我想问王雁一个问题，你是机关干部，社区书记的活又苦又累，为什么你还抢着来干，图什么？”王雁同样淡定地说：“跟社区一样，街道也是基层，都是为居民群众服务的平台，不论在哪个岗位上，我都会认真细心做好每件事。”

就这样，大家一问一答地进行了半个多小时，其间有十几位党员同志提出了问题。他们和大家一边听着谷宁丽和王雁的答案，一边在心里给他们打出了成绩。

最终，经过紧张的投票和计票，老书记谷宁丽以 137 比 32 的好成绩赢得了“比赛”，再次当选该社区党委书记。王雁虽然落选了，但面对这样公开平等的结果，她表现得很坦然，她说：“虽然没有选上，但这样的选举方式很公平，也给了我一次展现自我、提高自我的机会。”“前段时间，我和谷书记到社区驻点调研，从中也学习了很多。在社区工作，不能简单靠政策、文件精神，而要靠和居民群众沟通交流，和相关部门协调，在这些方面，谷书记做得很好，也给我上了很好的一课。”

从首次被提出和试用到现在，公推直选始终行走在高层决策的视线中。从一定程度上说，“公推直选”是高层指导与基层探索良性互动的成功范例。

价值解析

坚持党管干部，这是我党的一条根本原则；坚持群众公认，也是我党选拔任用干部的一个基本要求。公推直选的选举模式既体现党管干部的原则，又体现了群众公认的原则。候选人由群众选举，人人机会相同，规则相同，是平等原则的重要体现。

人民音乐家的童年故事

我有我的人格、良心，不是钱能买的。我的音乐，要献给祖国，献给劳动人民大众，为挽救民族危机服务。

——冼星海

1905年，冼星海出生在澳门的一个贫困的渔民家庭里。他的父亲在他还未出世时就去世了，母亲靠给人做佣工维持母子俩的生活。他虽然出身贫寒，但志存高远。他的人生理想是创作出中国的交响乐,使中国成为世界音乐强国。

家里没有能力供他上学,幸好经过一个好心的岭南大学教员的介绍,他才终于有了上学的机会。13 岁时,他进入广州岭南大学基督教青年会所办的义学读书。入学不久,冼星海加入了学校一个管乐队,并很快成为最积极最活跃的骨干分子。

一次,一个来自美国的教士来义校讲道,他在台上讲了很多上帝平等和博爱的话,说上帝是同样喜欢穷人的。他还告诉台下那些衣衫破旧的穷学生,说上帝也会同样爱他们的。做完礼拜后,教士就邀请台下包括冼星海在内的几个穷学生去他家里吃饭。

在教士家的客厅外,冼星海看见一个打扮得像小天使一样的小女孩在弹钢琴。悠扬、动人的琴声吸引住了他,他还是第一次听到这么好的乐器演奏出来的音乐。他既好奇,又喜欢,不自觉地就走了过去问道:“你弹的是什么琴啊?真好听!”“钢琴,好听吗?”小女孩答道。冼星海欣喜地说:“真好听!”小女孩见他喜欢,就让冼星海也坐到琴凳上,说:“你喜欢的话也过来试试吧!”他看着明亮得能映出人影的钢琴,神奇的黑白键,兴奋极了。小女孩在一边笑着告诉他每个白键和黑键的名称,他越听越有趣。小女孩说:“你试一试吧,只要手指按一下琴键,就会发声的。”他听了便小心翼翼地伸出手指按下了琴键,果然很好听,他高兴极了。

正在这时,教士忽然打开门走了进来。他看见衣着破烂、身材消瘦的冼星海坐在琴凳上,而自己的女儿离得那么近,于是用手在胸前比画了一个“十”字,鄙夷地看了看冼星海,就抱起女儿去洗手了，还告诉用人再好好地把钢琴刷一遍。冼星海留在原地不知所措。

吃过饭后，教士给每位同学都送了画片，当然也包括冼星海。但拿到画片的他心里并不高兴，一想到教士刚才鄙夷的神色，他就非常难过。这件事深深地刺激了他的心。难道穷人就不能弹钢琴，就不能在音乐领域有所作为吗？他下定决心，将来一定要弹一手好琴曲，不会再让人瞧不起。

1926 年，他前往北平艺术专科学校学习小提琴。为了实现人生理想，1929 年，他又只身到法国勤工俭学。在法国的生活虽然异常艰苦，他甚至有几次都饿得晕倒了，但他始终没有放弃。最终，他考入了巴黎音乐学院，为理想的实现迈出了坚实的一步。

1935 年夏，冼星海从巴黎音乐学院毕业，启程回国。冼星海回到上海后，他又受到了一些人的冷遇。他想举办一次个人音乐会，可当时音乐界大权掌握在那些看不起中国人的外国人手里，所以他先后找了好几个乐队，但都被拒绝了。于是他感慨道：我看透了现实，今后不能沉湎于国际音乐家的幻梦之中了。我要为革命，为民族解放谱写乐章，为人民大众写出战斗音乐作品！

他拒绝了国民党宣传部的高薪聘请，也拒绝了唯利是图的商人的邀请，决心为发展民族音乐事业献身。后来，他结识了田汉、贺绿汀等进步音乐家。与田汉合作为电影《青年进行曲》创作了主题歌，还为进步影片《壮志凌云》，话剧《复活》、《大雷雨》等谱写音乐。抗日战争时期，他创作了《游击军》、《到敌人后方去》等抗战歌曲。1938 年冬，他放弃优厚待遇，奔赴延安，担任鲁迅艺术学院音乐系主任。在延安的一年半，他进入创作的巅峰期，谱写了《军民进行曲》、《生产运动大合唱》等作品。1939 年，他创作出了《黄河大合唱》这一中华民族的音乐史诗，5 月 11 日，在延安庆祝鲁艺成立 1 周年晚会上，他指挥 40 多位热血青年演奏了《黄河大合唱》。毛泽东听后连声叫好，周恩来也称赞他“为抗战发出怒吼，为大众谱出心声”。

如今的冼星海，再也不是当初那个由于贫困而被教士看不起的孩子。当年的不平等待遇成了他在音乐道路上奋发前进的主要动力之一。最终，这个穷孩子成长成了广受人们喜爱和尊敬的人民音乐家。他病逝后，毛泽东还亲笔为他题词：“为人民的音乐家冼星海致哀。”

价值解析

在现代社会，人们的生活有贫富之分，知识有多少之分，但是，人格，却没有贵贱之分。我们必须看到，真正的平等，必须从人格一律平等开始。无论贫富贵贱，所有公民都应该是平等的。

敬爱的指导员

千万不可以革命功臣的子弟自居，切不要在家乡人面前有什么架子或者有越轨违法行动，这是绝不允许的，你们必须记得共产党人在国家法律面前是与老百姓平等的，而且是守法的模范。

——陈云《干部子弟千万不可以革命功臣子弟自居》

蔡任超是驻香港部队的一位指导员，1996年时被广州军区树为“学雷锋标兵”。他当指导员期间，全连有75%的战士参加了各类面授、函授学习，27人已获得一门以上结业证书，仅1995年就有16名有一技之长的战士被上级机关调走。3年多来，连队没有一人受处分。

连队能够取得这样的成绩，指导员蔡任超功不可没。

蔡任超当上指导员后，最爱往战士中间跑，和大家一起训练、比赛、聊天和玩笑。搞农副业生产时，战士们分一垄菜地，他也同样要一份，和大家一样承担责任区，还兴奋地找块木板钉上“蔡任超”三个字。

有人善意地提醒他要和战士保持距离，才能树立指导员的威严，但他却说：“了解战士是指导员的责任，板着个面孔跟战士格格不入，战士怎么会亲近你，又怎么谈得上做战士的知心朋友呢？”

蔡任超能和战士打成一片，成为超越上下级关系的朋友，与他的人格魅力和处事态度是分不开的。只要听说哪位战士有困难了，他必定会想尽办法出手相助。他不仅只帮助那些思想觉悟高、平时表现好的战士，对那些思想上有所瑕疵的战士，他同样非常关心，从来不搞亲疏远近，厚此薄彼。他常说：“对战士要一视同仁，不能冷落任何一个同志。”

连队里有一个个性偏激、自尊心强的战士小梁，常因为一些小事和大家闹矛盾。一次，蔡任超在黑板上写小梁的名字时，把“志”误写成了“智”，小梁看到后竟然用刀片跑到荣誉室，在蔡任超照片的两只眼睛处画了两个“×”。战士们知道后，纷纷议论说小梁的行为有些过火了，有人建议蔡任超应该给予他相应的处分，但蔡任超却拒绝说：“身为党代表，要以党的事业为重，不能小肚鸡肠。”这件事就这样过去了。

1996年除夕那天上午，小梁在做器械操时不慎从单杠上摔下来，造成右腿骨折。蔡任超得知后立即把他背到了卫生队。打好石膏后，蔡任超想着今天正是除夕，小梁独自在卫生队难免孤独，于是又把他背回了连队。到了晚上，其他战士都去观看文艺晚会了，小梁不得不一个人无聊地躺在床上。这时，蔡任超想到了好办法。他搬来了自家的电视机，放到小梁的床头，给他解闷，让小梁也度过了一个热闹的除夕。第二天，蔡任超又来看望小梁。他坐在小梁的床边，一会儿给他讲讲故事，一会儿和他聊聊天。蔡任超无微不至的照顾让小梁觉得非常内疚。他不想牵扯蔡任超太多的精力，于是趁蔡任超不在的时候，请战士帮忙把自己背到了卫生队。不管蔡任超怎么劝，他就是不回来，蔡任超只好作罢。

几个月后，小梁出院了。他刚走进连队的饭堂，就看到炊事班长端来了一个碗，碗里有 3 个荷包蛋。班长说其中一个代表全连官兵的祝福，两个代表父母亲友的希望。其实这一切都是蔡任超安排的。面对战友们的殷切关怀，小梁不禁流下了眼泪。之后，他就变成了一个好战士，不仅入了党，还当上了班长。

蔡任超不仅对待战士们一视同仁，对待其他人都是如此。

有一位战士是他的老乡，一次，他听说连队准备研究第二季度入党人选，于是悄悄装了 200 元钱去送给蔡任超，希望他关照自己。蔡任超听了他的来意后，对他发起了火："收起你的钱来！你今天的行为，证明你还不够一个党员的标准，用钱是绝对买不到'党票'的。"

蔡任超不仅敢驳老乡的面子，驳岳父和其他长辈的面子，他也毫不含糊。

他岳父有个战友的儿子当兵分到蔡任超的连队。小战士入伍没多久，岳父和他的战友就提出让他学开车，但由于他表现一般，蔡任超最终没有同意。后来，他们又说让他考军校，蔡任超知道他只有初中文化，达不到上级规定的水平，又没有同意。后来，他岳父的战友亲自来到连队，给儿子弄来了高中毕业的学历证明，请蔡任超帮忙，蔡任超还是没同意，坚决要对所有战士一视同仁，绝不徇私情。

价值解析

我们周围的人，无论富裕贫困、品德高低，我们都要平等地对待他们，不能有所偏见。同时，我们要懂得机会面前人人平等，要让所有人都有相同的竞争机会，无论亲疏远近，我们都要一视同仁地对待他们。

第三章 公正

公正，可以广泛地理解为公平正义，指对待人和事的不偏不倚的态度。在我国传统民族精神中，追求公平正义的精神无疑是其中的一个重要组成部分。当然，传统文化的“公”与“义”，与现代意义上的公平正义具有显著差异。前者更强调整体利益，而现代的公平是建立在个体平等基础上的公共利益。

公正是人类社会存在的首要原则，是人类社会文明进步的重要标志，也是社会发展的基础。同时，公正是中国特色社会主义的内在要求，中国共产党人一直将实现社会公平正义作为奋斗目标。2012 年，党的十八大报告明确指出公平正义是中国特色社会主义的内在要求。

社会主义公平观的主要内容，在党的十八大报告中有明确体现。报告指出，要“逐步建立以权利公平、机会公平、规则公平为主要内容的社会公平保障体系，努力营造公平的社会环境，保证人民平等参与、平等发展权利”。

我们要相信，只要我们重视社会主义社会公平正义的珍贵价值，并为这一价值的实现付出不懈的努力，我们的社会就将会变得更加美好。

无私的小英雄

正义是在我们的心里！从明哲的教训和见闻的意义中，我们不是得着大批的正义吗？但白白地搁在心里，谁也不去取用，却至少是可惜的事。

——朱自清《正义》

王海涛，曾就读于黑龙江省安达铁路小学，是一名优秀的少先队员。

1997年，因为其见义勇为的光荣事迹被评为第五届“全国十佳少先队员”。安达市委做出在全市范围内开展“学习王海涛，争做好少年”的活动，并授予王海涛“见义勇为好少年”的荣誉称号。

王海涛艰苦朴素，学习刻苦，乐于助人。每天上学他都来得特别早，不仅打扫本班的教室，还帮着校工打扫学校的厕所。脏活累活，他也总是抢着干，班里同学们有什么困难他都会主动帮助。

有一次班上一位同学因患感冒，头晕，恶心，在教室吐了一地，因为味道难闻，同学们躲得远远的，许多女同学还发出了嗔怪的声音，弄得这位同学很不好意思。但是王海涛没有嫌弃，一边给他倒水安慰他，一边把地上吐的东西清扫干净。

打扫厕所的老校工说："王海涛经常帮我打扫厕所，一开始，我还以为这孩子犯了错误被罚扫厕所呢，后来才知道，孩子是看我岁数大了，身体不好，才来帮我的，真是个有爱心的好孩子。"

王海涛家庭条件不好，母亲有病，家里积攒点儿钱，全给母亲看病了。冬天，他还穿着几年前的旧棉袄，又薄又旧又小，但他从不与别人比这些，他比的是学习。在学习上，小海涛可从不含糊，每次考试他都排在班里的前两名。他爱看书，家里穷，买不起新的，他就把和姐姐捡破烂捡到的旧书收藏起来，有空就翻翻，从书中懂得许多道理。

1995 年 11 月 11 日晚，冬寒使安达市这座小城过早地安静下来，街上人迹已稀，显得格外萧条。人们大都围坐在家里的火炕旁看电视或唠嗑，这是豪爽朴实的东北人最惬意的一段时光。王海涛急匆匆地回家，妈妈身体有病已好多年了，在车站当临时工的爸爸 3 个月前又摔伤了腿，卧床不起，这个 10 岁的孩子不得不赶回家帮着做些家务。

在离小海涛家 5 米远的一块空地上，经常停着邻居张爷爷的一辆 212 吉普车，是他家做生意用的。当海涛路过时，突然发现车灯亮着，车里一个面孔陌生的人在里面乱捅着。"有人偷张爷爷的车"，这个念头刚闪过，小海涛便机警地跑去报告张爷爷。他一声“张爷爷,有人偷车”没喊完,胡同里便冲出一个戴口罩的大个子男人,这是在胡同口放风的盗车同伙。他一把抓住小海涛,并掐住他的脖子恫吓:“再喊,就掐死你。”面对歹徒的恐吓,小海涛没有屈服,他拼命地挣扎着,反抗着,想摆脱歹徒的毒手,丧心病狂的歹徒将一把大螺丝刀插进小海涛的嘴里乱搅、乱戳,又拔出来猛刺小海涛的双眼,用铁锤向海涛的头部猛击……身高只有1.25米,体重不足25公斤的小海涛,敌不过恶狠狠的歹徒,他失去了知觉,什么也不知道了。

3小时后,大约到了深夜23点多,小海涛被刺骨的寒风和熏人的粪便呛醒,他发现自己躺在公共厕所的一个粪坑里。他回忆起,一定是歹徒认为已将他打死了,才把他抛进粪坑的。小海涛马上意识到,必须爬出去,报告张爷爷。北方的冬天肆虐的冷风将厕所里流下的污水及尿水全都冻成了光滑的冰凌,他以惊人的毅力爬出了粪坑。大量失血和钻心的疼痛,使这位本就瘦弱的孩子,没有站立起来的力气了。

倔强的小海涛,开始爬那条200多米冰冷坚硬的小路,殷红的鲜血从他的头部和嘴里不断渗出,染红了他上学和捡破烂必经的熟悉小路。他的旧棉裤磨破了,他的小手掌磨出了血,不断地滴在这冰天雪地里,小海涛强忍着,他只想快点爬,好让张爷爷早点知道有人偷车的消息。他吃力地爬过自家的房门,又咬着牙向张爷爷家爬去。自家的灯还亮着,或许此时妈妈正在为儿子这么晚还没回家而焦急。当小海涛用尽最后一丝力气敲开张爷爷的大门后,只说了句“张爷爷,有人偷车”便昏迷过去。

张海涛见义勇为的行为得到表彰，他朴实地讲："做好事要做到底，不能半途而废，老师和妈妈经常这样说。"这就是我们可爱的英雄，可敬的孩子。

价值解析

面对凶悍的歹徒，张海涛不顾自己的安危，坚强地与之做斗争。因为他不想让坏人得逞，而使无辜的人受到伤害。这是他的公正之心的体现。这样无私的小英雄，是我们学习的好榜样。

邓小平晚年的心事

初次分配注重效率，发挥市场的作用，鼓励一部分人通过诚实劳动、合法经营先富起来。再分配注重公平，加强政府对收入分配的调节职能，调节差距过大的收入。

——江泽民《全面建设小康社会，开创中国特色社会主义事业新局面》

邓小平晚年时，常常挂怀的一件非常重要的事情，就是社会分配公平问题。

在邓小平看来，分配公平和两极分化是社会发展的重要问题，因而非常重视这些问题。从《邓小平文选》第三卷和《邓小平年谱 1975~1997》的资料来看，从 1990 年 4 月到 1993 年 9 月，邓小平就曾多达 6 次在不同场合谈及和着重谈及分配问题。他尖锐指出贫富悬殊、两极分化可能导致的严重后果，并提出公平分配、共同致富将会成为一个很重要的问题。

在改革开放之初，邓小平就已经非常重视正确处理公平和效率等这些重大问题了。在改革开放中，他要求要坚持公有制的主体地位和共同富裕。他对大家说，我们要让一部分人、一部分地区先富起来，然后再帮助后富的人和地区，最终实现共同富裕。他一面考虑发展，一面考虑可能会出现的问题，他说："社会主义与资本主义不同的特点就是共同富裕，不搞两极分化。""如果导致两极分化，改革就算失败了"。

后来，社会的发展并没有像他原来设想的那样，共同富裕的目标还没有实现，人与人之间、地区与地区之间的差距就扩大了很多。不过，当发展的过程中出现了这种情况时，邓小平没有回避，而是敢于直面现实，坦言两极分化自然出现。

1990 年 12 月 24 日，邓小平在谈话时说："共同致富，我们从改革一开始就讲，将来总有一天要成为中心课题。社会主义不是少数人富起来、大多数人穷，不是那个样子。社会主义最大的优越性就是共同富裕,这是体现社会主义本质的一个东西。”在这之前,他在会见泰国来宾时也说过类似的话,他说:“只有社会主义,才能有凝聚力,才能解决大家的困难,才能避免两极分化,逐步实现共同富裕。”他还说:“中国情况是非常特殊的,即使百分之五十一的人先富裕起来了,还有百分之四十九,也就是六亿多人仍处于贫困之中,也不会有稳定。中国搞资本主义行不通,只有搞社会主义,实现共同富裕,社会才能稳定,才能发展。社会主义的一个含义就是共同富裕”。

邓小平深刻地知道,两极分化是关系到利益分配的社会公平问题,关系到每一个人的切身利益问题。两极分化一定会使社会矛盾尖锐化。这样一来,社会稳定局面就会受到冲击。因此,他一再指出稳定压倒一切,没有稳定,就没有希望。只有稳定,才能有发展。

在南方谈话中,他提出了消灭剥削,消除两极分化,最终达到共同富裕,是社会主义本质。他说:“走社会主义道路,就是要逐步实现共同富裕。共同富裕的构想是这样提出的:一部分地区有条件先发展起来,一部分地区发展慢点,先发展起来的地区带动后发展的地区,最终达到共同富裕。如果富的愈来愈富,穷的愈来愈穷,两极分化就会产生,而社会主义制度就应该而且能够避免两极分化。”

邓小平在晚年对分配问题萦萦于怀,见解深刻,非常重视两极分化将会导致的严重后果。在谈到分配的问题时,他总是同社会主义制度及社会主义的本质联系在一起。他坚信社会主义制度应该而且能够避免两极分化。他把能不能够解决好分配领域出现的过大差距，能不能够通过缩小这个差距逐步实现共同富裕的目标，提高到是不是搞社会主义的高度来认识。

1993年9月，89岁高龄的邓小平与弟弟邓垦的一番谈话，意义深刻，他说：12亿人口怎样实现富裕，富裕起来以后财富怎样分配，这都是大问题。题目出来了，解决这个问题比解决发展起来的问题还困难。分配的问题大得很。我们讲要防止两极分化，实际上两极分化自然出现。要利用各种手段、各种方法、各种方案来解决这些问题……中国人能干，但是问题也会越来越多，越来越复杂，随时都会出现新问题。少部分人获得那么多财富，大多数人没有，这样发展下去总有一天会出问题。分配不公，会导致两极分化，到一定时候问题就会出来。这个问题要解决。过去我们讲先发展起来。现在看，发展起来以后的问题不比不发展时少。

价值解析

分配公平要使个人消费品分配得相对公平，使社会成员之间的收入差距不能过于悬殊。这个问题是社会发展的大问题，是绝不容忽视的问题。分配不公平，无论是对个人、社会还是国家，后果都是非常严重的。我国的特色社会主义，要旗帜鲜明地展示公正的原则，激励人民群众走上“共同富裕”的光辉道路。

法律帮你就业

为办好就业这件大事，国家该花的钱必须花。要精打细算，节省一切可以节省的资金，首先保证多用一些在就业和社会保障上。哪怕暂时少上几个项目，也要先保这件事。

——江泽民《就业是民生之本》

2011年12月，大连市甘井子区人民法院内，王女士与自己之前工作过的单位对簿公堂。原来，王女士1980年参加工作，以前是该厂的一位工程师，月工资是2900元。2009年2月，工厂以经济危机导致工厂效益不好为由，将王女士“内退”。单位虽然每月仍按规定为她交纳“五险一金”，但没有工资，只有800多元的生活费。

王女士认为，自己长期从事标准化管理工作，因自己的专业在社会上不适用，无端被单位“内退”后，自己无法重新就业，等于剥夺了自己的劳动权。而且，她的丈夫已经下岗。这样一来，两个人就都没有了收入。

她知道，我国2008年起实施的《中华人民共和国就业促进法》中有相关规定，说是县级以上地方人民政府采取多种就业形式，拓宽公益性岗位范围，开发就业岗位，确保城市有就业需求的家庭至少有一人实现就业。但如今她家里两个人都没有就业，于是，她决定起诉单位，用法律讨回公道。她委托律师将原单位起诉到大连市甘井子区人民法院，要求判决某工厂立即恢复她原岗位工作。

在庭审中，单位方面认为，单位的这一做法是完全符合法律规定的。因为受2008年全球性的金融危机影响，单位的效益不好，对一些工作量不够或作用不大的岗位进行撤并，王女士没有被选聘上，所以才安排她回家待岗，并按规定每月为她交纳“五险一金”，同时还支付了生活费。

王女士认为，单位之所以“内退”她，是因为觉得她比刚毕业的大学生年龄大，而且工资相对高，这是不合法的。她还出示了单位多年来因她工作成绩优异而发的奖状和相关证书，来证明自己称职。

法院经审理后认为，劳动关系成立后，单位对于劳动者即具有劳动请求权，单位有权根据生产、经营的需要调整劳动者的岗位，但应当在充分保护劳动者生存权的前提下进行。而且，王女士的丈夫已经下岗，她如果不能回原单位工作，她的家庭中就没有就业人员。依照《就业促进法》的相关规定，法院认为该单位应该承担起一定的社会责任，帮助王女士恢复就业。

最终，法院做出一审判决，判决王女士原单位在判决生效的10日内，恢复她的原岗位工作。《就业促进法》帮助王女士讨回了公道。

就业被视为民生之本和安国之策，我国的就业工作一度面临着十分严峻的形势。为了切实解决问题，法律对促进就业的政策扶持做出了明确规定。2007年8月30日，十届全国人大常委会第二十九次会议表决通过了就业促进法。2008年1月1日，《中华人民共和国就业促进法》正式实施。

《就业促进法》总则中明确规定，"劳动者享有平等就业和自主择业的权利。劳动者就业，不因民族、种族、性别、宗教信仰等不同而受歧视。"同时，公平就业被作为第三章出现在法律条文中。

《就业促进法》第三章规定：用人单位招用人员、职业中介机构从事职业中介活动，应当向劳动者提供平等的就业机会和公平的就业条件，不得实施就业歧视；用人单位招用人员，除国家规定的不适合妇女的工种或者岗位外，不得以性别为由拒绝录用妇女或者提高对妇女的录用标准；用人单位招用人员，应当依法对少数民族劳动者给予适当照顾；各级人民政府应当对残疾人就业统筹规划，为残疾人创造就业条件；用人单位招用人员，不得以是传染病病原携带者为由拒绝录用；农村劳动者进城就业享有与城镇劳动者平等的劳动权利，不得对农村劳动者进城就业设置歧视性限制。

为了加大保障公平就业力度，就业促进法还在法律责任一章中明确规定，劳动者受到就业歧视后，可以向人民法院提起诉讼。

同时，《就业促进法》还加大了对困难群体的扶持力度。对于因身体状况、技能水平、家庭因素、失去土地等原因难以实现就业，以及连续失业一定时间仍未能实现就业的人员，就业促进法将其界定为就业困难群体。对这部分群体和“零就业家庭”，法律特别规定了就业援助制度。经过反复修改，就业促进法中关于就业援助的规定逐步得到细化。

《就业促进法》作为我国就业领域首部基本法律，在正式施行后，以往较盛行的诸多就业“潜规则”被明确定性为违法，将得到有效遏制，公民的就业环境得到了明显改善。

价值解析

平等的就业环境是社会公平公正的重要体现。要确保就业公平，让大多数年轻人共享机会，必须把招聘放在一个更公开、公平、透明的环境下接受审视，努力消除各种就业不公与歧视。

和总理的两次握手

大力促进教育公平，合理配置教育资源，重点向农村、边远、贫困、民族地区倾斜，支持特殊教育，提高家庭经济困难学生资助水平，积极推动农民工子女平等接受教育，让每个孩子都能成为有用之才。

——胡锦涛《坚定不移沿着中国特色社会主义道路前进　为全面建成小康社会而奋斗》

2011年6月的一天，北京师范大学即将毕业的学生黑小花迎来了令她激动又难熬的一天，因为第二天上午，温家宝总理要来参加她们的毕业典礼，而且在典礼上，她还会接到温总理亲手颁发的毕业证书。这让她激动又紧张，真想这一时刻马上到来，但又怕这一刻过去得太快。

和其他北京师范大学的学生不同，黑小花是一名免费师范生。她来自宁夏，2007年时，她作为首批免费师范生，以优异成绩考入北京师范大学哲学与社会学学院。2011 年 6 月，她就要毕业了，很快就要投入贫困地区教育事业的前线，这让她感到非常自豪。

毕业典礼当天，温家宝同志来到北京师范大学。黑小花说："我远远就看见总理走过来，一边走一边和大家握手，他穿着白色衬衫和黑色裤子，跟电视里看到的一样。"很幸运的是，温家宝朝她走来，并伸出了手。"握紧总理的手，我感觉他的手掌很温暖，就像爷爷的一样"。所有免费师范生和温家宝合影留念时，离温家宝不到 3 米远的黑小花"注意到总理额头上沁出细小的汗珠，但他从没有用手抹过一次"。

在典礼上，所有大四免费师范生，以及大一、大二、大三的免费师范生代表坐满了会场。温家宝亲手为大家颁发了毕业证书。到黑小花时，他还问她："即将开始工作，现在有什么困难？"黑小花赶紧回答："目前暂时没有困难，国家对我们免费师范生很重视，学校也很关心我们。"尽管老师之前特别叮嘱过她"就跟平时从老师那接过文件一样，不用紧张"，但此时的她依然激动得不知如何是好。中午一回到宿舍，黑小花就给家里报了喜讯，第一时间告诉她的父母，她的毕业证书是总理发给她的。她的父母在新闻联播上还看到了自己的女儿从温家宝手中接过毕业证书的样子。

2011 年 7 月，黑小花回到家乡宁夏银川市实验中学，教高中政治课。她说："温总理在毕业典礼上讲话，勉励我们免费师范生要学会'吃苦'，我一定会牢记，好好工作，好好学习，好好锻炼。这本总理发给我的毕业证书，也将成为我人生中最宝贵的珍藏品。"

黑小花，是我国首届免费师范生中的一员。和她一样，来自中西部地区接受免费师范生教育的学生还有很多。2011 年 2 月，网络调查显示：在 181 名受调查的首届免费师范生中，63.5% 的受调查者来自农村，89.2% 的受调查者家庭月收入不足 4000 元。

2007 年，我国首次免费教育师范生政策，在北京师范大学、华东师范大学、东北师范大学、华中师范大学、陕西师范大学和西南大学六所部属师范大学实行师范生免费教育，2013 年又新增了省部共建师范院校江西师范大学。

自中国近代师范教育建立以来，国家一直对师范生给予优惠待遇。学生在校期间，可以免除学费和其他费用。自 1997 年以来，在受教育者普遍按照成本分担原则缴费入学和高等师范院校转型的背景下，师范大学开始实行逐渐收费乃至全额收费制度。2007 年实行的免费教育师范生政策，是我国近代师范教育明显向前迈进的一个体现。

免费教育师范生政策规定，免费教育师范生在校学习期间，可以不用交学费和住宿费，而且学校还给补助生活费。在开学之前，这些学生要与学校和他们所在地的省级教育行政部门签订协议。毕业后，他们一般要回到生源所在省份，从事中小学教育至少十年。不过，其间他们可以在学校间流动或从事教育管理工作。

自从我国实行了免费教育师范生政策后，在教育部直属师范大学师范生免费教育示范引领作用的带动下，北京、新疆、西藏等地师范专业学生全部实行免费教育，上海、江苏、湖北、四川、云南等地在部分师范院校开展师范生免费教育试点，江西、湖南等地开展免费定向培养农村教师工作，广东、甘肃等地实行高校毕业生到农村从教上岗退费政策，海南、广西与天津职业技术师范大学合作免费培养中等职业学校教师。

价值解析

教育是民生之本，教育公平是社会公平的起点。让生活在阳光下的每一个孩子都有机会接受高质量教育，对和谐社会的建设重之又重，也是民族未来的保障。免费师范生教育工作就是落实教育权利公平的重要举措。

敬爱的陈妈妈

一个人最伤心的事体无过于良心的死灭，一个社会最伤心的现象无过于正义的沦亡。

——郭沫若《讨论注释运动及其他》

陈观玉是广东深圳市沙头角镇的一位普通的共产党员。她常说："一个人幸福不算幸福，所有人幸福才是幸福。"在这种高尚思想的影响下，她几十年如一日地学雷锋做好事。1994 年，陈观玉家被评为全国美好家庭三个金奖得主之一。她的一个干儿子从美国打来电话祝贺说："我们家肯定是最好的，因为我们有一个好妈妈。"

像她的干儿子说的那样，陈观玉是一个好妈妈，但她同时也是很多人的好妈妈。在沙井头村有一个盲人叫李仕保，他的妻子患有精神病，两个孩子是先天性双目失明。全家人几乎完全没有生活来源。当时在幼儿园工作的陈观玉得知后，不仅每天接送两个孩子到幼儿园，在农忙时节，她还趁着中午幼儿园的孩子们午睡的时间，到李仕保的田里帮他插秧，下班后又到他家忙里忙外，把屋子打扫得干干净净。逢年过节，她总要给他家送去煮好的肉，并给孩子们带上礼物。这一忙，就是 30 多年。如今，李仕保的两个孩子都已经长大了。每次提到陈观玉，他们总会感动得落泪，他们常说："没有陈妈妈，我们一家就活不到今天。我们的眼睛虽然是瞎的，但心里清楚，陈妈妈是世界上最善良、最可敬的人。"

除了李仕保家，陈观玉还先后照料 13 户"五保户"。一有空闲，她就跑到"五保户"家里，帮他们打扫卫生、缝缝补补。她可怜那些孤寡老人，经常放下自己家里的活去陪他们，甚至有好几个春节都是陪着他们过的。

陈观玉不止照顾身边的人，对那些未曾谋面的困难者，她也多次伸出援助之手。1987 年，深圳发行首批股票。当时的陈观玉并不知道股票是什么，她听说买股票能支援国家建设，于是毫不犹豫地将亲戚给她治病用的几万元钱全部买了股票。后来,她意外赚了45万元。这对于她和当地的人们而言,可算是一笔非常可观的数目。领回巨款的当晚,她召集全家人开了一次家庭会议,商量着这笔钱该用在什么地方。她建议说:“这笔钱是国家改革开放的好政策带来的,应当把它还给社会,用于帮助有困难的人。”她的观点一表明,全家人都纷纷表示赞同。第二天一早,陈观玉和家人来到了沙头角镇的邮局。他们手里都拿着厚厚一沓信封,每个信封都是鼓鼓的,然后跟工作人员说要汇款。工作人员见信封上写的都是希望工程办公室、敬老院、福利院,或者是贫困山区和灾区等,总额竟然达20多万元。

陈观玉的家从来不上锁,为的是方便外来务工的人。大家可以在她的家里看电视、打电话。她还会帮大家洗脏衣服和理发。

陈观玉不仅在物质上帮助困难群众,也常为那些遭遇挫折的人提供精神帮助。河南郑州有一个青年高考失利后非常苦闷,从报上得知了陈观玉的事迹后,就写了一封信诉说自己的绝望之心。陈观玉像对待自己的亲生儿子一样,三番五次地劝导他、鼓励他。最终,青年以优异成绩考取了中国社科院研究生院。他感激陈观玉,逢人便说是陈阿姨改变了他的人生路。

在沙头角的一个“模范中队”的学习室里,摆满了陈观玉赠送给战士们的录像带、录音制品和军事、科技书籍,几年来,她已经累计向这个中队赠送了3000多册图书,录制了上百盘有教育意义的录像带。

陈观玉曾被群众和当地驻军誉为“中英街上活雷锋”、“当代沙奶奶”，曾先后荣获“全国三八红旗手”、“广东省精神文明建设标兵”、深圳市“文明市民”等50多种荣誉称号，1996年被广东省政府授予“广东省学雷锋标兵”的光荣称号。然而，这位雷锋奶奶照顾了很多处境困难的人，很多人却不知道，她自己本身就是一个非常需要被照顾的人。由于长期营养不良和过度操劳，她早在60年代就患上了癫痫病，有时一天就要发作五六次。此外，她还患有其他疾病。退休后，她更是病魔缠身，但她还是不停地为他人奔波、忙碌，无数次为那些困难的人变成一个无比健康的伟人。

价值解析

对弱者的关怀，不仅是个人恻隐之心的体现，更是社会群体道德风尚的体现。而这种思想和行为，有利于社会弱势群体的利益，从而有助于缩小贫富差距，这是社会进步的必然趋势。

不讲情面的领导

我们今天所反对的特权，就是政治上经济上在法律和制度之外的权利。搞特权，这是封建主义残余影响尚未肃清的表现。

——邓小平《党和国家领导制度的改革》

范匡夫是一位普通的共产党员，他曾任浙江省金华军分区政治部主任、军分区政委等职，后又任浙江省军区副政委兼金华军分区政委。他虽身居领导职位，可向来不对领导和群众有亲疏远近之分。他在职时，常有一些老领导、老战友来拜访他，但他每次招待客人虽然热情，却很节约，而且花的都是自己的钱，从来不向公家伸手。他家隔壁就是招待所，可但凡有亲戚来了，都总是吃住在他的家里，有时来不及做饭就上街买盒饭。他的二女儿经常为爸爸招待客人洗碗刷盘，她风趣地说："我在家简直成了打工妹了！"一次，一位已退休的老领导路过金华时顺便来看望他。两人已经十多年没见了，可范匡夫招待他的只是自己掏钱点的5个家常菜。不过，这已经是他很铺张的一次了。

范匡夫刚刚担任军分区政治部主任时，深圳一家公司经理找到他和一位市委副书记洽谈业务，并分别送了他们一把小剪刀，但被他俩回绝了。事后，范匡夫才知道，这把剪刀看似普通，其实含金量很高，价值在3000元以上！他当时非常后怕："现在的行贿手段越来越高明了，一不留神就容易上当啊。"此后，无论是亲戚朋友，还是同事，谁的礼物他都一概不收。

一次，他家的房子需要装修。在联系装修公司时，几家工程队听说他家要装修，都抢着来揽活。其中一个老板私下对范匡夫的妻子说："你把新房钥匙交给我，啥都不用管，装修好包你满意。"当问到价格时，他却说，这点钱工程队贴得起，你就放心吧。范匡夫一听就觉得事有蹊跷，这不等于变相贿赂嘛！于是，他亲自找了一家装修公司，完全按照市场价格付了装修费。

1997年前，范匡夫所在的金华市还没有农民的女儿当兵的先例。当时，上级要求公开征集女兵，所有人家的女儿只要符合要求就可以入伍。有部分干部担心这样做会影响部分人的利益，因而处于两难之间。这时，刚从丽水调回金华任军分区政委的范匡夫站出来，坚决地说："依法服兵役是每个适龄青年的权利和义务，普通老百姓特别是农民的女儿为什么就不能如愿以偿？"

从此，公开征集女兵的帷幕在金华徐徐拉开。一时间，全市城乡竟然有500多名适龄女青年报名。女兵征集期间，有很多人托关系找到范匡夫，请他帮忙。无论对方是自己的亲戚、老领导，还是有头有脸的“大人物”，范匡夫全部都婉言拒绝，他对他们说：“条件都公开了，按条件来，我怎么好说话呀！”经过层层筛选，14名女兵被选中，其中的7人是普通百姓的女儿。

这次征集女兵，范匡夫坚持公开公正，使所有试图走后门的人都没有得逞。在处理其他类似问题时，他也是这样做的，比如那次建筑工程招标。

一次，军分区筹建专武干部培训基地，各大工程队闻讯纷纷前来投标，共有37家之多。其中有不少于10家的工程队找到范匡夫，试图争取工程，里面有两家还来自他的家乡。范匡夫和司令员商量后，想了个对付这些人的办法，就是招标来明的，条件来硬的，把那些想通过走“门子”中标的工程队挡在门外。最终，中标的是一家没有跟领导们打过招呼，但有实力、信誉好的省建筑工程公司。后来，专武干部培训基地建成后还被评为优质工程。

范匡夫不仅对“外人”显得很“冷漠”，对自己的同事，他也如此。只要对方有违规定，他就会毫不顾忌情面。

一次，军分区机关集资建房，大家都搬进新房里住了，可集资款却没有全部交齐。业务部门三番五次地催缴，可就是落实不了。范匡夫调查后得知，大家都在盯着军分区一位老领导。他都没有交齐，一些人自然也就不积极。于是，范匡夫交代下去：必须限期向拖欠集资款的住户追缴，而且要按规定交滞纳金，并说明，老领导的工作我来做。老领导本是通情达理的，范匡夫向他说明了情况后，他不仅交清了拖欠款，还一分不少地交了滞纳金。

价值解析

手握重权的领导，难免被心怀不轨的人盯上。他们试图以金钱或利益来换取领导给予的“绿色通道”。这时，领导本身如果不能坚定立场，保持公正，被拉下水就是迟早的事情。“以实际行动维护社会公平正义，让人民群众切实感受到公平正义就在身边”，是习近平主席对广大干部的教诲，也是领导保持公正之心的警钟。

公正的法官

要坚持“老虎”、“苍蝇”一起打，既坚决查处领导干部违纪违法案件，又切实解决发生在群众身边的不正之风和腐败问题。要坚持党纪国法面前没有例外，不管涉及谁，都要一查到底，决不姑息。

——习近平 2013 年 1 月 22 日《在十八届中央纪委二次全会上的讲话》

金桂兰是一名普通的人民法官。在职十几年来,她审理的一千多起案件中无一起重审改判案件,无一起超审限案件,无一起上访缠诉案件,无一起违法违纪案件。她的法宝之一就是——做正直的人民法官,绝不偏向任何人,不为任何人开通“绿色通道”。她常说:“拿了别人的钱,心里的公正就没了。这些年,每当听到老百姓骂腐败,我心里就不好受。我工作在基层,管不了别人,但我能管住自己!”

2003 年 3 月,金桂兰审理了一起人身损害赔偿案件。刚开始审理的一天,她的一个非常亲密的朋友来看望她,两人一起到外面吃了饭。席间,金桂兰暂时忘记了工作的繁重,和这个多年的好友相谈甚欢。不料,朋友说着说着就把话题扯到了工作上。她对金桂兰说,金桂兰在 3 月要审理的这个案件的被告,就是她的一个亲戚。她想请金桂兰帮忙,把被告判得轻一些。金桂兰听了沉默片刻后,非常诚恳地说:“咱俩从小一起长大,情同姐妹,上学时你妈从生活上没少关照我,这些我一辈子都不会忘记。可我是一名法官,我得按法律办事。如果今天偏向你,明天有人求情再偏向他,还有谁信服法律呢?”无论朋友怎么劝说,金桂兰硬是没有松口。最后,朋友生气地扔下一句“你也太死性了”,便夺门而去。

金桂兰是个重感情的人,她今天得罪的是自己多年来诚心诚意对待的一个朋友。此时的她,难过得直想哭。但她清楚,人情再大,也不能亵渎法律的尊严,法官只能服从法律,所以她今天不能为朋友承诺哪怕一个字。最后,她还是秉公审理了那个案件。

2003年9月，金桂兰负责审理一起买卖合同纠纷案。原告本来占理，但他担心被告会通过其他特殊的手段来影响法官判案的公正，于是联系到金桂兰，说想约她出来谈一谈。金桂兰一口回绝他说："案子正在诉讼中，法官私自会见当事人是不允许的，有事到法庭上说吧。"原告见约不出来，就只好自己找上门去。他见了金桂兰，就掏出一个信封："这2000元钱是点小意思。"担心金桂兰不收，他把钱放下转身就走，金桂兰一把拉住他，严肃地说："案子我一定会秉公审理，但钱你必须拿回去，不然我也会上缴的。"审判的最终结果没有让原告失望，金桂兰虽然没有要他一分钱，但仍然还了他一个公道。

2004年时，金桂兰审理一件拖欠货款的案件。原告是一个山东客商，而被告是本地的一家工厂。原告担心法庭偏向本地人，于是找到金桂兰想塞给她3000元钱，说："这个案子你当成自己的事办。"金桂兰坚决地回答说："我是法官，办案就是我的事。这钱你收起来吧。"被告知道讨债的来了，躲着不见人，金桂兰就天天夜里守在债务人家里，不到一个星期就把钱要回来了。原告这下高兴极了，又拿出一摞钱想要送给金桂兰："金法官，上次我给你钱是怕货款要不回来。现在货款全回来了，我可是真心的。听说你有病，用这点钱买点好药吧，也是我的一片心意！"金桂兰虽然能看得出他是真心想感谢自己，但还是谢绝了他："我不能收你的钱。你的货款是法律为你追回来的，要谢，就谢谢法律吧！"

就这样，无论原告方还是被告方，从来没有一个人给金桂兰送钱成功过。有的人私下里打听，究竟通过什么方法能把钱送进去，可最后得到的结果却是：金桂兰办案从不收钱。很多了解金桂兰家庭情况的人都非常不理解，金桂兰明明是最需要钱的人，她为什么就见钱不动心呢？

说金桂兰是最需要钱的人，是毫不夸张的。她本身身体状况很不好，前后做过七次大小手术。1979年9月，她因患阑尾炎穿孔转变成腹膜炎，做了第一次手术；1980年年初，又因同病做了第二次手术；1982年，做了刀口修复手术；1998年4月，她做乳腺病理切片手术，后又做复乳腺手术；1999年4月，做乳腺肿瘤切除手术；2001年，因患有胆结石又做了胆结石切除手术。

她自己身体状况百出，她丈夫的情况更加糟糕。正在金桂兰一趟趟往医院里跑时，她的丈夫忽然被检查出患有癌症。为了给金桂兰治病，他们几乎已经花光了全部积蓄，这使得本就非常困难的家庭陷入了更加窘迫的境地。然而，即使如此，清贫并没有使她偏离自己认定的道路，她还是将一腔热情奉献给了崇高的事业。从事法官工作以来，她没拿过当事人一分钱，没办过一件人情案，公正、廉洁是她永不逾越的底线。

价值解析

公正、廉洁是法官最基本的官德。法官为人民服务，就是要以法律为武器，为百姓讨公道，在公开公平的环境下，定个谁是谁非。没有亲疏远近，也不收取其中任何一方的好处，才能做到秉公执法，不偏不倚。

做一名出色的小工

干得好的工厂，干部、工人就可多得一点报酬；干得不好的工厂，干部、人工就要少得一点报酬。

——邓小平《坚持按劳分配原则》

20世纪40年代，有一个少年因为家境贫寒，不得不背井离乡来到澳门。在父亲的一个朋友的金铺里，他得到了一个小工的工作。少年个子不高，身材单薄，但是机灵而乐观，对生活和工作充满了信心。上岗后，他几乎每天都第一个到店里，一丝不苟地做着繁重的工作，无论扫地板还是洗厕所，他都做得非常细致。店里的其他员工都表示，他到金铺工作后，金铺的卫生条件好过以往所有时期。

一天，一位同事上班前没有吃早饭，于是在开店后躲进厕所里吃零食，不料这一举动被金铺老板发现了。出人意料的是，一向以严厉著称的老板并没有处罚他，而是把做小工的少年叫到办公室，问他是什么原因让他连最低级的小时工的工作都能做得这么认真,厕所被打扫得竟然让人可以在里面吃东西。他紧张地回答说:“如果连小工都做不好的话,其他工作一定也做不好。”

老板满意地笑了笑,请他回去继续工作。之后,少年除了每天做好自己的本职工作外,闲暇时还给其他人打打下手,逐渐对店里的其他工作也有所熟悉。几年后,他已经成长为一个青年。一天,老板对他和大伙说:“一个能够认认真真将厕所都打扫得可以让人躲进去吃零食的小工,做任何事情都会认真负责。”于是提拔他当金铺掌管。后来,老板竟然宣布要将自己的女儿嫁给这个青年。原来,青年的父亲和老板本是患难之交,早在青年还未出世时,两位父亲就为他们指腹为婚了。

1946 年时,青年被岳父派到香港开分店。他拿着 2 万元现金和 24 两黄金来港,成立了一家金行。到 50 年代中期,他掌管了金铺的全部账项,并独立负责黄金交易。1956 年,岳父将生产全部交给他管理。这个一直以打工为生的年轻人正式成为老板,当时的他年仅 31 岁。

在当时的香港市场,做金铺生意的人数不胜数,大家都在寻找着一个能使自己脱颖而出的机会,这个年轻人也不例外。后来,机会还是偏向了他,几年后他就做到了名利双收。这与他比别人多几倍的付出是分不开的。

在竞争十分激烈的市场环境下,考虑到一般金铺的黄金成色都是 99%,即九九金,偶尔也会有三条九金,他大胆地首次推出了四条九,含金量高达 99.99%。新品推出后,果然顾客满门,但他也为此付出了巨大代价,每卖出一两金,都要亏几十块。但他认为,亏就是赚，这是一种免费广告，权当把几十万高出的成本当作广告费。几年后，不出他所料，四条九金成为市场上非常抢手的货品。他不仅因此赚得了丰厚的盈利，更为他和他的金店带来了良好的信誉。

这个人就是珠宝大王郑裕彤，他的金店就是驰名海内外的周大福珠宝。

经营珠宝业的成功，使郑裕彤成为香港实业界的知名人物。然而，他并没有满足于自己在珠宝界的成功，转眼又杀进了房地产业。

1952 年，他第一次投资房地产，在跑马场建造了蓝扩别墅，之后又在香港铜锣湾建造了香港大厦。60 年代中期，他大量收购了低价抛售的土地、房产。1970 年，他与几个人成立了"新世界发展有限公司"，全面向地产进军。1982 年，全世界超一流的豪华建筑新世界中心竣工了。郑裕彤很满意这个杰作，他说："当时我想，这个地方代表香港，船一到维多利亚港就看到，怎么都要把它搞漂亮。"建成新世界中心之后，他又亲自策划、完成了"碧瑶湾"高级住宅区的力作。之后，郑裕彤又投资 18 亿港元，在港岛湾仔兴建"香港国际会议展览中心"。1989 年，他购入亚洲电视大部分股权，使得新世界集团成为亚视两个股东之一。1993 年 5 月，他还收购了瑞士一家拥有 40 间酒店的集团，使新世界集团成为全球最大的酒店管理集团之一。

2011 年，85 岁的郑裕彤以 90 亿美元成为香港第四大富豪。2012 年，郑裕彤荣登胡润华人富豪榜第四位。2013 年，87 岁的他以 160 亿美元在福布斯华人富豪榜中居第四位。

价值解析

邓小平说:“评定职工工资级别时,主要是看他的劳动好坏、技术高低、贡献大小。”很多时候,大家拥有相同的升职和成功的机会,但往往是能够为之付出更多的人,更能抓住和利用好这个机会。所以,虽然机会面前人人平等,但只有多付出才会多收获。

一个好政委

一个人只有不因为自己的功劳和职位而骄傲,不用来作为“特殊化”的资本,反而更加谦虚和谨慎,更加提高自己的以身作则的责任心,他的功劳和职位,才是值得尊敬的。否则,他的骄傲和放肆,必然会把自己淹死。

——邓小平《关于修改党的章程的报告》

“房子再贵也有价,但一个党员干部的名誉和形象却无价”,这是一个武警部队政委的格言。他的名字叫易家昊，任职于武警湖北总队荆州市支队。

易家昊认为，名誉就是对岗位尽职最好的诠释，官兵良好的口碑就是对工作的最高褒奖。在任职期间，他对自己要求非常严格，一直坚持把“廉洁为官、清白做人”当成座右铭，始终做到了原则面前不徇私情、金钱面前不忘底线。

2007年，黄石支队准备出让老机关营院土地。一个老熟人找到时任黄石支队政委的易家昊：“你只要让我们以600万元的价格拿到这块土地，我就送你一套大房子！”

这位熟人了解易家昊的情况，知道他家三代同堂，还挤在一套只有几十平方米的旧房子里。原以为易家昊会满口答应，没想到易家昊不为所动。这位熟人仍不死心，又找某单位领导上门劝说，还是没能如愿。

不久，易家昊制定了“拉关系找门路的一律不接待，打电话递条子的一律不理会，无关闲散人员一律不接触，吃喝宴请一律不参加”的“四不”纪律，并很快通报全支队。

最终，让开发商垂涎三尺的老机关营院土地以1600万元的价格上市拍卖，最大限度地维护了支队利益。事后有人笑问他“亏不亏、悔不悔”时，易家昊笑着解释：房子再贵也有价，但一个党员干部的名誉和形象却无价。

2008年，易家昊调任荆州支队政委。新机关楼招投标前，一个建筑商三番五次来送礼，都被易家昊拒绝了。随后，易家昊把这个建筑商清理出招投标单位。在招标中，易家昊带人反复核算成本，与竞标开发商据理力争，最终，总成本下调15个百分点，节约资金500多万元。

2009年，在支队党委会的一次会议上。一班人落座之后，易家昊"啪"地往桌上重重地摔下一张银行卡，板着脸说："刚才有人在我办公桌上放了这张卡，想让我在提职时照顾一下，这是把我易家昊的人品看扁了。他原本在晋升之列，但这样的干部不能用，必须请他下马！"

易家昊认为家风不正，必然影响领导干部秉公用权，所以他不仅以身作则管好自己，还严格要求家人。他对家人"约法三章"：礼品不能要，红包不能收，请吃不能去。他常说："作为领导干部，搞一次特殊就降低一分威信，破一次规矩就留下一个污点，谋一次私利就失去一次人心。亲情再深也应有度，亲情再重也重不过原则，你们不要指望从我身上捞取半点好处！"

有一年，他的女儿考上了重点中学，这是一家人的大喜事。家人打算摆上几桌酒席以示庆贺。不料，易家昊却说："摆酒席本身不算什么，但我不能请这个客，我如果不能严格要求，不能防微杜渐，就有可能栽在人情关上，那就对不起组织培养。"

2009年春节时，一名基层干部想走易家昊的后门，趁着易家昊不在家，拎了一台笔记本电脑去他家拜年。可是，他在楼下叫了半天门，他女儿就是没有给他开门。她隔着对讲器告诉他："我爸爸说了，春节期间有事，请一律到办公室去。"

对自己的亲戚的小动作，易家昊拒绝起来也毫不客气。2007年3月，支队推进后勤保障改革，决定实行食堂副食品统一配送制度。易家昊的一个亲戚找到他，想通过请他吃饭来“揽活”。他果断回绝了这个亲戚：“你根本就不具备配送资质，这事不能办。”亲戚不死心，多次邀他吃饭或者送钱送物，但全部被拒绝。他说：“如果我去吃了这顿饭，我的战士们可能就顿顿吃不好饭。”

2008年老兵退伍前夕，他的姨父打电话让他关照一下他的儿子，给转个士官。易家昊回答说：“只要孩子符合条件，不用找我也能转改。如果不符合条件，找我也不能帮忙。”最终，他姨夫的儿子因为不合格而落选。姨夫非常气愤地告诉他：“你不讲感情，我就不讲亲情，就当我没有你这个外甥！”从此与他绝交。

任职几年来，易家昊始终坚持“阳光操作”，把人用公正、把事办公平、把钱花透明、把程序搞规范。

朋友调侃他说：“他这个人有点‘一根筋’，有时候甚至有点傻！”但就是这样一个“有点傻”的政委，曾先后为25名转业干部找到了满意的工作，亲自牵头组建“家政服务队”，先后解决10名随军家属工作安置、17名干部子女入学和8名大龄干部婚恋问题，被官兵亲切地称为“廉洁奉公的好政委”。

价值解析

要维护和实现社会公正，营造维护权利公平的制度环境是其中的一个关键。掌权者要坚持法律和规则面前人人平等，任何人和任何团体都不能有超越法律和规则的特权。

公道在前方

中央政治局的同志必须有天下为公的宽阔胸襟，摒弃任何私心杂念，把为全中国人民谋利益作为自己唯一的追求，为党的事业和人民利益鞠躬尽瘁。要带头树立正确的权力观、地位观、利益观，坚持自重、自省、自警、自励，严格遵守党纪国法，严格按制度和程序办事，严格管理自己的亲属和身边工作人员。

——习近平2013年6月22日至25日《在中共中央政治局召开的专门会议上的讲话》

王海军是山西省朔州市的一位普通干部。从1997年进入朔州市纪委以来，他一直工作在执法监察室，先后参与过纠风室、效能室、预防腐败室、农廉室、党风室、案件室、信访室的工作，但无论做什么工作，他都把普通百姓看得比谁都重要。“百姓面前无小事”，一直是他的人生准则之一。

2007年4月的一天，两位60多岁的老人找到王海军哭诉自己的情况。他们说自己本是朔州籍人，这些年一直旅居外地。后来，他们发现在老家的房子竟然被邻居弄得一塌糊涂，甚至快要倒塌了。同时，他们还揭发了国土部门违规为邻居办理住宅土地证的有关情况。他们还告诉王海军："我们向有关部门和各级政府上访过，也进行过行政诉讼和民事诉讼，但一审、二审都败诉，一年的时间都投诉无门。还气出了病，不得不住院治疗。"

王海军听了老人的话，立即着手审查了相关材料，接着主动请求接受这个案子。经过进一步的调查，王海军发现这其中有他原来没有想到的"秘密"。原来，被举报的人有着十分复杂的社会背景，要想继续查下去，他必须要承受来自各方面的巨大阻力。王海军坚信，在法律面前人人平等，他应该为两位老人讨回公道。他说："我们党员干部工作中的一个小小懈怠和失误，很可能给群众的利益造成极大的侵害。"他顶住各方面的压力，用半年的时间，终于圆满处理了这个案件。

不畏强权，为普通百姓讨回公道，是王海军经常做的事情。不仅如此，对于有特殊情况的人，他也会按照法律和制度规定，保障他们的权利。

14年的纪检监察工作经历，让王海军从中悟出了一个道理："任何事，只有专注去做才能取得成功。"他还说："只有准确把握尺度，合理分配工作，才能协调好各部门的关系。"每次处理事情，他总是考虑到所有人的利益，把服务大局放在第一位。无论是普通群众，还是问题干部，他总是就事论事，不会因为问题干部的工作过失，而影响到他们的其他方面。

2008 年 12 月 5 日，朔州市山阴县辛庄煤矿发生透水事故。事故发生后，矿方封锁消息、隐瞒不报，甚至还销毁证据。王海军等人负责调查处理了这一案件。当时，由于当地没有专业看护队伍，王海军不得不承担着涉案人员的看护任务。这些人员中，有一名被“双规”人员患有重度糖尿病并发症，严重时甚至可能危及生命。此外，还有两名被“双指”人员患有严重的抑郁症，稍有不慎，承受着巨大心理压力的他们可能会选择自杀。王海军接手看护任务后，从全市纪检系统分批抽调 200 多名政治可靠的同事轮班看护涉案人员，同时，他还分出部分精力，专门对重点看护对象进行心理疏导，以保障他们情绪相对稳定。他说：“不仅要保证突破案件，还要保证涉案人员不出事，难度和压力非常大。”

经过 6 个月紧锣密鼓的调查后，他们终于在确保人员安全的情况下，及时有效地查处了这个案件，赢得了广大群众的赞誉。

众所周知的是，王海军曾取得过多个荣誉，省劳动模范、省劳动竞赛委员会两次荣记二等功、省煤炭基金清理检查工作先进个人、全省安全生产监管监察先进个人、全市纪检监察系统先进个人，等等。然而，人们却不知道，在这些荣誉背后，王海军曾为之付出了多少汗水和鲜血。从第一天到纪检监察系统工作起，王海军就给自己定下了三项准则：送礼不收、请客不到、说情不理。在之后的工作中，他一直严格遵守这三项准则。无论条件多么苛刻，案件多么复杂，对象多么难缠，他总是坚持原则、秉公执法。

一次，在朔州市政府的统一安排下，王海军带人赶赴一座违法生产煤矿进行现场执法，却被涉黑势力和不明真相的矿工围困长达 16 小时。僵持过程中，他始终以沉着冷静的态度控制局面，不使事态扩大，直到妥善处理。

王海军说："我现在就像一辆行驶在高速路上的汽车，只能往前开，无法回头。" 为了公道，无论前路多么坎坷，他都要坚持走下去。

价值解析

维护公道，就是要维护公民权利公平的环境。当权者要时刻把公民的利益放在第一位，切实维护和落实宪法和法律规定的公民的各项权利，保证每一个人都有相同的机会去享受教育的权利、就业的权利、参与社会政治生活的权利，以及其他法律所规定的权利，让阳光普照在每一个公民身上。

第四章 法治

法律的权威和地位是衡量一个国家、一个社会文明进步的重要标准。法治就是强调依法治国、法律至上，不允许任何人或机构凌驾于法律之上。《中华人民共和国宪法》规定："任何组织或者个人都不得有超越宪法和法律的特权。"

坚持国家一切权力属于人民的宪法理念，尊重和保障人权，保证公民在法律面前一律平等，是推进社会主义法治建设的重大任务。习近平强调：要依法保障全体公民享有广泛的权利，保障公民的人身权、财产权、基本政治权利等各项权利不受侵犯，保证公民的经济、文化、社会等各方面权利得到落实，努力维护最广大人民根本利益，保障人民群众对美好生活的向往和追求。

在构建和谐社会、全面建设小康社会的今天，我们特别倡导和珍视法治，是因为法治是治国理政的基本方式。用法律来治理国家，用法律来推动经济社会发展，用法律来保障人们的权益，用法律来调节社会关系和利益纷争，是各个国家治理国家和社会的普遍规则和行为底线。在社会主义社会，只有实行法治，才能保证各项工作的有效开展，才能有效预防和惩治腐败，巩固党的执政地位，实现国家的长治久安。

一位战斗英雄的离去

对确实有严重问题的党员干部，尤其是领导干部，决不能容忍迁就、讲情面，一定要克服软弱状态，按照党纪、军纪、国法严肃处理，任何人不得例外。

——杨尚昆《端正党风军队要走在前头》

20世纪30年代末，在圣地延安发生了一件震动全国的案件——八路军将领黄克功逼婚杀人案。

黄克功少年时代就参加红军，他跟随毛泽东经历过井冈山斗争和长征，参加过多次战斗，战功赫赫。红一、二、四方面军会师时，年仅26岁的他已是一位旅长。然而，就是这样一名优秀的红军将领，却轻易地迈出了人生路上最错误的一步。

1937年10月5日晚饭后，黄克功约女友刘茜到河边散步。在交谈期间，他要求公开宣布结婚，被刘茜严厉拒绝。恼羞成怒的他拔出手枪威胁刘茜，但刘茜并没有屈服。在几次威胁都没有成功的情况下，黄克功失去了理智，他竟然向刘茜开出了一枪。刘茜应声倒地，他见她没有死去，紧接着又加了一枪，刘茜死在了血泊中。杀死刘茜后，他马上回去消灭他杀人的直接证据，他把脚上、外衣和鞋子上的血迹都清洗了一遍，还在刘茜过去谈恋爱的信上加填10月4日的日期，以做反证。

刘茜当时是陕北公学的学生。她的同学见她一整夜都没有回来，非常蹊跷，于是第二天一早就找到黄克功，询问她的下落，黄克功说自己也不清楚。后来，有群众在河边发现了刘茜的尸体，在尸体不远处还有两枚勃朗宁弹壳，而黄克功的枪使用的正是勃朗宁子弹。案件上报给了陕北公学，组织上马上着手调查。这时，黄克功的警卫员回想起，前一天晚上在给黄克功擦枪的时候，发现他的枪有刚发射不久的痕迹，而且给他洗衣服的时候，发现衣服上有新鲜的血迹，于是向保卫部做了汇报。在领导的审问下，黄克功承认自己杀了刘茜，并将当时的情况一一做了汇报。随后，时任抗大副校长的罗瑞卿向中央领导报告批准，黄克功被逮捕收监，准备依法审判。

很快，这个案件传遍了整个边区。开始时，黄克功认为自己资格老、功劳大，党和边区政府也许会对他从轻处罚。他还给毛泽东写了一封信忏悔自己的罪行，并请求看在他多年为革命战斗的面子上留他一条生路。然而，当罗瑞卿把抗大组织的意见和群众的反映向毛泽东进行了详细汇报后，毛泽东愤怒地说："这是什么问题？这是什么问题？这样的人不杀，我们还是共产党吗？！"

10月11日，黄克功枪杀少女案件交给了人民公审。当法官让黄克功发表个人申诉时，他坦白交代了他的犯罪经过，并做了扼要的检讨。审判长问他:“在哪些战斗中受过伤、挂过彩?”他历数了很多战斗的地名。人们还在他敞开的衬衣里,看到了他身上的伤疤,像打结的老树皮一样,那都是他在战场上留下来的。最后,他说出了最后一个愿望:“死刑如果是必须执行的话,我希望我能死在与敌人作战的战场上,如果允许,给我一挺机关枪,由执法队督阵,我要死在同敌人的拼杀中。如果不合刑律,那就算了。”

最终,审判长雷经天宣布了判处黄克功死刑的决定。就在黄克功将要立即执行的时刻,场外忽然来了一匹快马。一位工作人员翻身下马,走到雷经天面前,送上了一件东西。雷经天随即招手让黄克功回到原来的位置上,难道接下来要上演我们在屏幕上经常看到的刀下留人的桥段?不是的。

工作人员送来的是毛泽东的亲笔信,要雷经天当着黄克功的面,向公审大会宣读。在信中,毛泽东说:“正因为黄克功不同于一个普通人,是一个多年的共产党员,正因为他是一个多年的红军,所以不能不这样办。共产党与红军,对于自己的党员与红军成员不能不执行比较一般平民更加严格的纪律。当此国家危急革命紧张之时,黄克功卑鄙无耻残忍自私至如此程度,他之处死,是他自己的行为决定的。”

黄克功听完信的内容后如梦初醒,他高昂着头,高呼“中华民族解放万岁”,“打倒日本帝国主义”,“中国共产党万岁”,然后跟着行刑队走出了会场。一个英勇善战的红军将领被公审枪毙了。

黄克功被依法处决后,在抗大、在延安,乃至在西安、太原等广大国民党统治区和沦陷区产生了强烈的反响。群众异口同声称赞:“共产党、八路军不委罪于人,不枉法,公正无私,纪律严明,真是了不起。”

价值解析

李公朴这样评价党和边区政府这个案件的处理方式:“它为将来的新中国建立了一个好的法律榜样。”无论是谁,只要触犯了法律,违反了纪律,就必须被予以追究。执法必严、违法必究,才能体现法律所追求的社会公正。

没有特殊的人

> 公民在法律和制度面前人人平等,党员在党章和党纪面前人人平等。人人有依法规定的平等权利和义务。谁也不能占便宜,谁也不能犯法。
>
> ——邓小平《党和国家领导制度的改革》

刘少奇在《共产党员标准的八项条件》一文中讲道:“一切共产党员进行革命斗争,必须在党的统一领导之下去进行。因此,一切党员必须执行党的政策和决议,积极参加党所领导的革命运动,严格地遵守党的纪律,对于党内党外一切损害党的利益的现象必须进行斗争。否则,就不能做一个共产党员。”

“法律面前人人平等”,无论在中国还是在西方,都是一个人们耳熟能详的古老原则。而“王子犯法与庶民同罪”,这是中国当今“法律面前人人平等”的最先驱法理理念。

在革命时期,我军队伍里非常注重这一理念。无论是领导、战斗英雄,还是普通士兵,只要有违法乱纪的现象,就一律按照规定处理。刘伯承和邓小平枪毙赵桂良,就是其中的一个典型案例。

1947 年,刘伯承和邓小平领导的第二野战军在大别山遇到极端困难,部队为了生存出现了违反群众纪律的现象,刘邓首长忧心如焚。

1947 年 9 月 2 日,刘邓在新县小姜湾召开整顿纪律大会。刘伯承首先发言,他大声说:“部队刚到大别山,纪律就这么坏,如不迅速纠正,我们在大别山是站不住脚的!”邓小平严肃地说:“部队纪律不好,这是我军政治危机的开始,而政治危机必然带来军事危机,后果不堪设想。要知道,群众并不是注定要跟我们走的。如果我们纪律不好,骚扰百姓,为什么他们不可以跟别人走呢?现在,群众还不了解我们,对我们能否站住脚还有怀疑,不敢接近我们。我们要多打胜仗,坚决执行‘三大纪律八项注意’,才能取得群众的信任。以后,凡是出现群众纪律问题,要首先追究有关领导的责任。”

在会议上，首长们宣布了三条严令：抢打老百姓者枪毙；抢掠民财者枪毙；强奸妇女者枪毙！会议还规定，各个部队不准强迫老百姓当向导，不准向老百姓要东西，不准打骂群众。然而，就是在这三令五申严格纪律的节骨眼儿上，发生了警卫团副连长赵桂良违反纪律事件。

1947年10月13日，野司到达湖北黄冈县总路嘴镇。邓小平一行人站在路边，忽然看到一个解放军用步枪挑着一匹花布和一捆粉条，从一家店铺出来了。邓小平立即派原野司保卫科科长前去调查。原来，他是野司警卫团四连副连长赵桂良，是个战斗英雄，还是个劳动模范。他在不久前的崔桥战斗中刚刚立了战功，由排长提为副连长。他刚刚路过那家店时，店主不在，他就拿了这些东西出来。

当天中午，刘伯承和邓小平等首长专门开了一个会，研究对赵桂良的处置问题。会议决定下午召开公判大会，枪毙赵桂良。在禁闭室的赵桂良得知了这个决定后，痛哭道：“我犯了纪律，杀我应当。可我死得太窝囊了，将来回到太行山，见到了我们家里人，你们就说我是打仗死的。”

在公审大会上，直属部队和百姓分批聚集在一起。其间，不仅很多部队战士为赵桂良求情，一些群众也都请求司令部能够饶恕他。那个店主也诚恳地说：“早知大军纪律这么严，说什么我也不跑上山。如果家里有人，就不会发生这样的事了，请刀下留情。”面对此情此景，副政委张际春请示邓小平能否宽大处理。

邓小平听了严肃地说:“群众的话,我们可以理解。但既规定了‘约法三章’,就不能说话不算数,失信于民。如果对一个副连长姑息、迁就,不能执行纪律,那么今后,更多的人犯纪律怎么办?不下决心严整军纪,部队的纪律就会继续坏下去,群众就更不相信我们,而我们在大别山也就站不住脚!”

当天下午,赵桂良被枪决了。

邓小平的女儿毛毛在《我的父亲邓小平》中,写了关于这件事情的情况:

“对于群众纪律,父亲是严厉有加,从不苟且的。

“他说:‘军队纪律坏,就是政治危机的开始。’

“一次,邓政委发现,在黄冈县的一条街上,一个军人刺刀上挂着一捆花布,一捆粉条,显然来路不正,便立即叫查。结果查明,此人是一个警卫连副连长,立过战功。邓经过权衡利弊,最后决定必须严肃纪律。

“枪毙了一个违纪的副连长,赢得了一大批当地商贩和群众的欢迎。这一消息,迅速地传遍了大别山区,人们奔走相告:红军真的回来了!”

价值解析

法治意味着法律的权威和地位高于一切,是神圣不可侵犯的。任何人、任何阶层,都没有凌驾于法律之上的权力,都必须服从于法律。所有人,只要违反了法律,就必须受到法律的追究。

敢与政府“作对”的人

对于违反上位法规定、不符合经济社会发展要求，以及相互“打架”的法规、规章和规范性文件，该废止的坚决废止，该修订的及时修订。

——温家宝《在全国依法行政工作电视电话会议上的讲话》

2006年，河北省永年县法制办依法否决了5份违规红头文件，被河北省评为先进典型。

刘雄辉是永年县法制办主任，他的主要工作就是负责审核政府各部门提交的红头文件。2006年，法制办否决了5份“红头文件”。在之前的3年里，有超过200件不规范文件被法制办否决和修改。刘雄辉觉得，自己的办公室是整个政府大院里最热闹的。几乎每个星期都有各部门领导因为文件问题到那里去跟他理论，双方讨论激烈时还会拍桌子。刘雄辉说，各部门的法律水平高低不一，所以他们向法制办提交的文件里就难免经常出现违法违规的条款，曾经“有一份文件，15条处罚规则中，只有一条合法。为了争一个条款，他们常常跟科员吵罢再跟我吵。有时，为了一些条款，双方甚至要前后吵上很多次，但最后还是被否决了”。

比如在2005年，永年县经贸局拟定了一份《治理整顿废旧金属市场的通告》，要求对废旧金属的收购实行准入制。文件中说任何人经营废旧金属回收，都必须经政府许可。刘雄辉和法制办同事接到报送的文件后，发现该通告依据的上位法早已失效。而且，文件中还规定，“废旧金属的经营者必须到县经贸局办理废旧金属回收资格证后，才能从事废旧金属经营”。但废旧金属的经营许可权早已撤销，经贸局属于自设行政许可。而且，此通告也没有对资格证的收费，以及证件数目做出规定，政府就可以借助许可权收取费用。刘雄辉说：“尽管我也知道经贸局是出于管理市场的善意，但政府部门违规发放许可证，是绝对不能允许的。”文件理所当然地被否决了。之后，经贸局领导来到法制办，先是找科员，理论无果，又找到刘雄辉。经过几十次的讨论，通告最终还是被否决了。

这样跟对方吵来吵去，有时还吵得面红耳赤，刘雄辉自己也说：“现在如果再和他见面，说实话肯定会觉得尴尬。”但无论怎样，他还是坚持这样吵下去。

刘雄辉的“吵”，没少给永年县带来好处。很多人都知道，20世纪的永年县，可曾是一个上访大县。

由于法制办功能的缺失和不到位，政府部门发了很多不合规范的文件，最终受苦的还是普通群众。那时，农民买了拖拉机都不知道该去哪里办执照。农机管理站和交通局手中都持有文件，一个说要办农机执照，一个说要办机动车货运执照，不办就要罚款。当时人们搞养殖，摆个地摊什么的，都有交不完的费用。群众遇到有关部门乱罚款、乱收费，自然就把火发到政府头上，对政府政策不满或上访的群众也就越来越多。

刘雄辉 1997 年调入法制办工作时，虽然法制办也会审核一些政府文件，但数量不多。只要分管县长或副县长签批，很多政府的红头文件也就通过了，最多是到法制办来盖个章。所以也有人戏称法制办是“发证办”和“盖章办”。对于法制办的工作，他认为只是做一做普法宣传，或者按照领导指示，起草政府文件。

然而，法制办对政府文件审核功能缺失的情况下，难免有很多违法违规的地方文件出台，结果导致永年县的上访者逐年增多。刘雄辉本人就至少三次被上访的群众堵在办公室，百姓们还提着他的名字喊口号。

这些，让刘雄辉决定，到了法制办出手的时候了。

2003 年 8 月 27 日，全国人大通过了《中华人民共和国行政许可法》，全国各地都开始大规模规范红头文件。年初时，永年县县长曾明确表示，法制办就是一道闸门，不能让一件违法或不当的文件通过。分管此工作的副县长也多次宣布，该县各部门出台的任何文件，都需经过县政府法制办的审阅签发，否则一律无效，擅自执行者追究其行政和法律责任。

刘雄辉终于要带着法制办同事大干一场了。最初时，他们的工作开展得很不顺利。部分部门领导不理解：法制办明明与我们平级，却要来审我们的文件。后来，通过多次依法行政教育，领导们开始知道法制办的职责，逐渐地理解和支持法制办的工作。

河北省法制办的一位工作人员说，永年县法制办只是履行了国家规定的职能，许多县市法制办要严格履行职能难度不小，“关键还是需要政府领导的支持”。

价值解析

党的十八大进一步明确了2020年全面建成小康社会的目标，其中就包括“法治政府基本建成”。法治政府，要求法律高于政府。政府活动只能在法律之内而不能在法律之外，只能在法律之下而不能在法律之上，政府的所有行政活动都必须是合法的，包括发放文件。

执法人员的“尺子”

如果司法公正都得不到保证，社会信用就无从谈起。

——江泽民《金融工作的指导方针和主要任务》

在以前的四川省遂宁市，“同案不同罚”的现象非常普遍。曾经有一位开了10年货车的司机说，自己10年来，在相同的地段，因为相同的情形被罚款，然而，不同的执法人员开出的罚款单千差万别，最少少到几百元，最多则多到上万元。显然，这是“弹性执法”的一个典型案例。长期以来，由于行政执法自由裁量空间过大，罚金可多可少，一些当事人一碰到处罚，首先想到的是托人说情，希望在处罚幅度内减轻处罚。

不过，在如今的遂宁市，昔日的情况已大有改观。

2012年，遂宁市开始探索规范行政执法自由裁量权，对执法标准进行细化和“量化”。8月时，遂宁市在全省率先出台了规范行政执法自由裁量权的政府规范性文件——《遂宁市规范行政执法自由裁量权规定》。根据这一规定，所有单位对行政权力事项进行了“地毯式”清理，梳理出了近5000项行政执法权。之后，有关人员对这些行政执法权进行反复研究论证并加以细化。

比如，《水土保持法》规定，因为不编制水土保持方案或者变更水土保持方案，罚金是5万元到50万元。最低和最高之间相差45万元，有关工作人员就担心，这45万元很可能就会成为“权力寻租”的筹码。后来，遂宁市水务局将这一行政执法权进行了细化，根据征地面积和开挖土石方大小，把行政处罚划分为了23个档，每档罚金相差仅2万元。

遂宁市刚开始规范行政执法自由裁量权时，是很不顺利的。很多部门上报的方案不细，甚至有些应付。后来，市里果断地采取问责制，将其作为市政府“一号工程”进行督办，最终打破了僵局。遂宁市法制办建议，从国家层面组建相关专家小组，指导和督促地方科学“量化”行政执法自由裁量权，做到执法合法性与合理性和谐统一，符合地方实际。

2013年3月31日前，遂宁市发改、经信、农业、林业、水务等38个具有行政执法权的市级部门相继公布了行政执法自由裁量权标准，共涉及4417项行政处罚、208项行政审批、51项行政征收、190项行政强制、48项行政确认、4项行政裁决、3项行政给付。

遂宁市进行自由裁量权改革后，效果非常明显，有了明确规定后，不仅群众对政府执法更加放心了，执法的干部们心理上的负担也变轻了。

比如，2013年3月，一位司机由于非法载客运输而被予以3万元罚款。当时他认为处罚偏重，还专门到法制办咨询。通过咨询，他了解到，像他的这种情形，法律清楚明白地规定：对第一次非法运营的而且情节比较轻微的处3万元罚款。最终，心服口服的他交了罚金，还说："一视同仁消除了我们对执法的误解。"

另外，遂宁市的这次改革，还为本市赢得了可观的经济利益。比如，在四川省举办的"民企入川"、"央企入川"、"港澳企业四川行"三次重大招商活动中，遂宁市一举签约金额850多亿元。很多外地的商家纷纷表示，遂宁市规范行政执法自由裁量权，让他们的投资更加放心。

当然，基层执法人员也是这次改革的受益者之一。遂宁市船山区的一位计生办主任表示，"超生罚款"的问题多年来一直困扰着他。对于超生的家庭，法律规定要对其征收社会抚养费。然而，抚养费究竟应该收多少呢？他们以前一直没有明确的定额，只是在法律规定的范围内，对富裕人家多征收一些，对贫困人家少征收一些。虽然他们本意是好的，但这明显有失偏颇，而且对于富裕和贫困的界定又难免有疏漏，所以经常被群众投诉。自从对执法标准进行细化和量化后，他们一律按章办事，问题一下子解决了。比如，有一对农村夫妇违法超生了一个孩子，计生办根据标准确定了社会抚养费的数目，但鉴于他们家庭经济困难，允许他分3年支付完。这样一来，计生办的工作顺风顺水，群众也心服口服，没有了怨言。

在细化自由裁量权之后，遂宁市还对这次改革进行了完善。

对于已细化完善的自由裁量结果，只要没有涉及国家秘密、工作秘密、商业秘密或个人隐私，市级各执法主体都会将其通过门户网站向社会全面公开，每一位社会公众都可以自由查阅。同时，市政府法制办还会通过不定期抽查和定期评查等方式，对各部门执行自由裁量标准进行监督，以确保自由裁量标准得以有效实施。

价值解析

执法有了“尺子”，执法人员就有了参考标准，同时也有了“紧箍咒”。罚金的多少，所有人一目了然，执法人员再也不用为此大费脑筋，再也不能胡乱定额。群众如果有违法情况，只管放宽心，不用担心处罚过重，也不用思前想后找门路。阳光下的法律，让大家都省心。

谁来为事故负责

重点加强对领导干部特别是主要领导干部、人财物管理使用、关键岗位的监督，健全质询、问责、经济责任审计、引咎辞职、罢免等制度。

——胡锦涛《高举中国特色社会主义伟大旗帜，为夺取全面建设小康社会新胜利而奋斗》

蒋成谷是重庆市彭水县原副县长，一直分管农业，在当地口碑很好。一次，一位负责安全生产的副县长外出学习，组织上派蒋成谷代理管理安全。然而，谁也不曾想到，就在他代管的几个月时间里，彭水县竟然接连出现两次重大交通事故，共有38人死亡。一次是一辆客车因机械故障坠下岩坡，一次是一位左眼早已完全失明却闯过了体检关的司机驾驶的客车出了事故。

在第二次事故中，让驾驶员通过正常体检并签字认可的护士长被公安机关立案查处，彭水县交通局副局长因失职、渎职以及涉嫌经济犯罪等被检察机关逮捕……这两起特大交通事故发生的时间前后不到两个月，却有16人因此受到记过、降级等处分。

事故发生后，蒋成谷在为逝者惋惜的同时，还不禁感慨："这就像上天给我安排的一个下马威。"开始时，市领导理解他刚接手工作，对情况不熟悉，因而并没有责怪他。原分管生产安全的副县长外出回来后，蒋成谷的代管任务结束。

几个月后，重庆市市委组织部、监察局人员到达彭水县开展调查。在这次调查中，蒋成谷说自己这时"才真正看到关于引咎辞职的文件"。一份《重庆市人民政府关于开展安全生产大宣传、大检查、大整顿工作的通知》的文件中写明："对于1年内发生两次死亡10人以上事故，或发生1次死亡30人以上事故的区县（自治县、市），按照行政谁主管谁负责的原则，分管该项工作的区县（自治县、市）领导要引咎辞职，对党政领导也要给予相应的行政处分；因管理不到位，严重的官僚主义或失职、渎职而酿成社会影响大、性质恶劣的事故的地区、部门和单位行政一把手也要引咎辞职……"另外，《重庆市党政领导干部辞职实施办法》也明确规定："党政领导干部因未认真履行职责，致使本地区、本单位发生严重恶性事件，造成重大损失和恶劣影响，不宜继续任职的，要劝其辞去现任领导职务。"

最后，蒋谷成于2003年元旦前，怀着复杂的心情字斟句酌地写下平生第一份辞职申请，决定引咎辞职。他的申请立即被批准，他由此成为全国第一个因领导责任而引咎辞职的县处级以上干部。

同样引咎辞职的还有北京市原市长孟学农。孟学农出生于

1949年，从北京第二汽车制造厂的一名普通工人起步，历时34年，成为北京市市长。刚上任时，他承诺，“要让更多的‘张大民’能够过上幸福的生活。”因此被誉为“平民市长”。

2003年3月，SARS入侵北京，当时的孟学农刚就任北京市市长还不到3个月。4月时，他因此事件引咎辞职。几个月后，他低调复出，出任国务院南水北调工程建设委员会办公室党组副书记、副主任。4年后，他被调任山西省委副书记，不久出任省长。不料，2008年9月，山西省襄汾县一座尾矿溃坝，254人被倾泻出来的矿渣和泥水夺去了生命。刚担任山西省省长377天的孟学农再度辞职。2014年3月，在与记者谈到SARS事件以及山西矿难时，孟学农这样说：“我对矿工的感情很深。人生有点挫折，也是好的。”

在引咎辞职相关制度、法律法规的推动下，我国各地开始对某些群体性事件和重大安全事故通过“引咎辞职”的方式进行问责。

张仁贵是浙江省嘉兴市现任市长，在此之前，他曾在海宁市当市长。2004年2月15日，一些村民在焚烧纸张叠成的“元宝”时不慎引发火灾，共40人在事故中死亡，在社会上造成了很大的影响。火灾发生后，省委、省政府迅速成立了事故处理领导小组及事故调查小组，开展事故调查和处理工作。经过调查研究，省委、省政府认为，这次火灾事故反映出了一些很严重的问题，比如，当地领导及政府管理部门在工作中存在薄弱环节，对迷信活动整治不力、对精神文明建设和综治工作责任不落实到位、农村文化建设薄弱等。最后，时任海宁市市长的张仁贵主动提出辞职。

价值解析

权力越大，责任就越大。领导干部有多大的权力，就要对自己权力的行使及其后果承担多大的责任。如果干部在工作范围内由于故意或过失，导致行政工作受到影响或者给行政机关造成不良影响和后果，就要像蒋谷成等人一样，依法承担相应的责任，或者自我检讨，或者公开道歉，或者主动提出辞职。

为法律事业奉献的人

国家对于一切违法犯罪的人，不管他过去有过什么功劳，都不能，也不应该加以包庇。

——彭真《公民在法律面前人人平等》

彭真是我国老一辈革命家，贺龙曾称赞他："这个人了不得！对革命坚决得很。"新中国成立后，彭真长期领导、主持社会主义民主与法制建设工作。在1997年去世时,党中央曾给予他“我国社会主义法制主要奠基人”的崇高评价。

早在晋察冀边区时,彭真就已经开始摸索着建立新法制的实践。1940年8月时,他主持制定了《中共中央北方局关于晋察冀边区目前施政纲领》。这一纲领实际上是边区第一部新民主主义的宪法性文件。1941年,彭真向中央政治局和毛泽东报告晋察冀边区工作时,提出了系统的新政权建设思想。

新中国成立后,彭真为我国社会主义法制建设倾注了大量心血。他有两句常挂在嘴边的话,就是“在法律面前人人平等”,“在真理面前人人平等”。

1953年9月16日,在中央人民政府第二十七次会议上,彭真提出“我们的政法工作的主要任务就是要逐步实现比较完备的人民民主法制,来保护和促进社会生产力的进一步发展”。

1954年,彭真参加了新中国第一部宪法的制定工作。在一届全国人大一次会议上,他就法律面前人人平等的基本法制原则,做了深刻的论述。他说:“人人遵守法律,人人在法律上平等,应当是,也必须是全体人民、全体国家工作人员和国家机关实际行动的指针。”接着,他又领导了刑法等法律的起草工作。

1979年3月,已经77岁高龄的彭真被任命为全国人大常委会法制委员会主任,全面主持新时期立法工作。在3个多月的时间里,他领导制定和修定了我国第一部刑法、刑事诉讼法等七部重要法律,为我国的社会主义法制奠定了坚实的基础。

1982年,彭真主持宪法的修订工作,开始了夜以继日的工作。

那时,他的儿子傅洋想向他反映一些对宪法修改的意见。虽然他和父亲住在一起,但是他看到父亲真的是太忙了,他不忍心去打扰,竟然只好给他写信。他还给母亲写了一封信说:“妈妈:宪法中一点问题老想和爸爸谈一下,但总看他很疲劳,就写了一下,等爸爸有空时看一下。”彭真读了儿子的信后,把他当作一封来自普通群众的信转交给其他有关同志。

彭真的法律功底深厚,他在领导政法工作时,强调和注重依法惩治犯罪,但他同时又提出,严禁非法拘禁、严禁“逼供信”。他认为:“不要认为有百分之五的错案不要紧,就是百分之一错了也了不得,在你看来是百分之一,对被冤枉的人来说是百分之百,一个人就是一家,还有周围的亲戚朋友。一个错案在一个工厂、一个乡,周围十里八里的群众都晓得,影响很坏。”

每制定一部法律,彭真都会反复调查研究。当初,在制定全民所有制工业企业法时,为了调查研究,80 多岁的他先后跑了十多个省市。在人大常委会谈自己对法律草案的意见时,他最爱讲的一句话是“我今天讲的又算又不算”。意思是说,既然是在人大会议上讲,当然是在他调研基础上的负责任的意见,但这些意见只代表他个人,要形成表决意见,还必须经过充分讨论、发扬民主。

彭真法制观和法治建树源于他深厚的法律功底,而这一功底,早在被国民党囚禁的时候就打下了。当时,彭真在监狱里待了六年半。其间,他没有别的书可以看,只有一部《六法全书》。正是这部《六法全书》,使他对法律知识日益熟悉,并对钻研法律产生了浓厚的兴趣。

彭真的儿子傅洋长大后做了一名律师。一次，彭真给他讲了一个事情来教导他。他说，在旧社会时有一位很出名的律师，蒋介石也很给面子。有人被抓后找他求情，他也不问案情，收了金条，找蒋介石说一下，就能放人。新中国成立后，有一次这位律师为一个坏人向毛主席求情。毛主席要我处理。我把那人的案卷调来，有两尺多厚。我看了一天，看完心中有了底，把全部案卷送去给那位名律师看，请他自己说那人怎么样。他再也不说什么了。父亲说，你们当律师，可不能不问事实乱说情。

价值解析

社会需要有一套完备的法律制度来规范和约束人们的行为，实现人与人的和谐相处。领导干部是社会主义现代化建设的带头人，所以要带头加强法律知识学习，不断更新依法行政理念，了解和掌握最新的法律法规，加强法制观念，提高依法行政的能力。

良法与恶法的斗争

人民司法工作的任务，是惩罚犯罪，保护善良，对破坏国家的建设和财产及破坏社会秩序和侵害人民正当权益的犯罪者，必须给以惩罚，只有惩罚才能使他们认罪，只有在他们认罪之后，才能谈到教育改造。

——周恩来《政务院关于加强人民司法工作的指示》

陈忠林，是中国法学会理事，中国刑法学会、中国犯罪学会、中国青少年犯罪研究会副会长。1978 年，他考入北京大学，毕业后到西南政法学院工作，同时攻读硕士。后来又到意大利比萨圣安娜高等大学工作、学习，并成为该校第一个获得博士学位的外国人。从 2003 年起担任全国人大代表。

陈忠林认为，现代法治应是真正的人民之治、人性之治、良心之治、“常识、常理、常情”之治，绝不应是机械的规则之治，这是他对传统法学理论反思的一项内容。

在《法理与情理》一文中，他说："古今中外的法学家们对'什么是法'的回答，如果究其根本，都错了！"他认为，只要坚持"恶法亦法"的观点，在实际适用中就有可能将所有的法律规定都变为"恶法"。他说："'恶法亦法'的观念必然结出'有权都是法'，'权大于法'的毒果。"

一次，陈忠林讲述了自己家乡的一个小故事。他的家乡当年是一个非常贫困的小山村。乡亲们为了脱贫致富，经商议后决定修一条公路，可惜没能争取到上级财政资助。善良的乡亲们决定靠自己的能力来修这条路，于是一起凑了一万多块钱。要修一条7公里长的路，一万元钱只是杯水车薪，光是炸山用的火药钱，就得一大笔。为了节省开支，大家决定买些材料自己制造炸药。在修路过程中，村民们一共制造了800多公斤炸药。在炸药制造、使用过程中，没有出现任何问题，更没有人员伤亡情况。公路开通了，乡亲们欢欣鼓舞，然而，就在大家还沉浸在喜悦中时，带头组织修路的村干部却被逮捕了，理由是非法制造爆炸物。

300多户村民联名写信为村干部求情，这封信还转交到了陈忠林的手里。他说："看到这封信，我的心在流血。"他认为，乡亲们自制炸药炸山修路，本意是好的，而且修路成功，为社会做了好事，其间也没有造成任何实际的损害，司法机关却逮捕了村干部。

我国刑法规定了"非法制造爆炸物罪"，后来，最高人民法院出台了一个司法解释，规定非法制造炸药一千克以上，就可以按照非法制造爆炸物罪追究刑事责任；制造数量五倍于最低数量标准的，就属于非法制造爆炸物罪中情节严重的情形，将被判处十年以上有期徒刑、无期徒刑或死刑。

如果依据这个司法解释，这些人有可能会被判十年以上有期徒刑、无期徒刑甚至死刑！他不禁要问："这样违情悖理地理解'法律'还能维护人民利益、体现人民意志吗？"

幸而，最高人民法院修正了上述解释的内容。在相关批复中，最高人民法院认为，在前述解释出台之前非法制造爆炸物的，如果出于生产、生活需要，客观上没有造成严重社会危害并且确有悔改表现的，不认为是犯罪；在该解释出台后非法制造爆炸物，出于生产、生活需要并没有造成严重社会危害，确有悔改表现的，可以从轻或免除处罚。

最高人民法院的这个批复，使全国数以万计的类似案件有了得到纠正的机会。陈忠林感慨道："法律应当被符合情理地适用，否则必走向自己的反面。"

身为人大代表，陈忠林非常重视自己的工作。虽然每年全国人代会的会期只有十几天，但是会议下发的各种文件、资料至少有几千页。陈忠林每次都认真读完这些文件和资料，他说："只有认真读完相关材料，才可能有针对性地在会上提出有质量的议案、建议和意见。如果说，每年在全国人代会上我还能提出一些有建设性的意见的话，应该是与认真阅读了相关文件有关。"在每年的全国人大会上，他都会向上提交 3 至 5 件议案或建议。

他的努力获得了很多显著的效果，比如，最高人民法院依法收回死刑核准权，其中就有他的一份功劳。

在 2003 年的十届全国人大一次会议上，他联合其他 30 多位人大代表提出了“关于最高人民法院依法收回死刑立即执行的核准改革权的建议”。当年10月时，他收到了最高人民法院的回复。最高院对他们的建议非常重视，回复中明确地表示接受他的建议，并将尽快研究解决办法。

终于，2006年10月31日，全国人大常委会表决通过关于修改人民法院组织法的决定，将死刑案件的核准权收归最高人民法院统一行使。2006年12月28日，《最高人民法院关于统一行使死刑案件核准权有关问题的决定》公布，决定从2007年1月1日起实施。

价值解析

法律有善恶之分。恶法穿着法律的外衣，但不具备法律应有的价值追求和实质内容，是不应该被推行的。法治，必须是良法之治。只有良法才能最大限度地具有群众基础，具有长久的生命力。

坚决的执法人

对一切无纪律、无政府、违反法制的现象，都必须坚决反对和纠正。否则我们就决不能建设社会主义，也决不能实现现代化。合理的纪律同社会主义民主不但不是互相对立的，而且是互相保证的。

——邓小平《贯彻调整方针，保证安定团结》

赵振金是辽宁省大连市金州开发区公安局黄海路派出所教导员，之前曾任新港派出所所长。他常说，100个案子有99个秉公执法，1个办了人情案，那就是100减1等于零。

从警28年里，赵振金一直坚守原则，秉公执法，依法办案。无论什么人犯了法，只要案子在他手上，就绝对没有任何人情可讲。

1998年夏天，赵振金接到一个案子，嫌疑人是当地一位领导干部的侄子。领导为了救侄子，好几次托人说情，甚至还给赵振金送了1万元钱。但赵振金硬是没有松口，钱送来他拒收，人说情他当面回绝。后来，领导见门路不通，便托赵振金的姑姑来劝他。不料，姑姑受人之托，从老家一路赶来，却被赵振金生生给劝了回去。就这样，任谁说情都没用，赵振金最终坚持依法处理了嫌疑人。

在赵振金的身上，类似的案件数不胜数。一次，所里拘捕了两个故意毁坏公共财物和殴打他人的青年。当时，谁都知道，这两个人是当地鲇鱼湾村一位干部的外甥，而且当初赵振金刚到新港的时候，鲇鱼湾村为派出所建设解决了很多困难。大家的眼睛都盯着赵振金，就看怎么处理。一位街道干部劝他说："老赵，你可别忘本啊，在你们派出所资金严重困难的时候人家可是给予了慷慨支持，照顾一下算了。"不过，赵振金却认为，他虽然应该感谢鲇鱼湾村的帮助，但绝对不能用执法人的原则去感谢。他说："如果这回照顾了，下回肯定还会有人找；如果这次依法处理了，别人知道我们关系好都不给面子，以后再来说情的就会大大减少。"最终，他像处理以往的案件一样，秉公处理了那两个青年。

为了秉公执法，领导的面子，赵振金要驳，多年的同事和朋友的面子，他也要驳。

一次，一位宣传干事的朋友涉嫌聚众打架，被赵振金所在的所扣留起来。这位干事受朋友之托，请赵振金高抬贵手。在过去几年里，他给赵振金写了不少新闻报道，两人也算是多年的朋友了。他原本以为，这点面子，赵振金还是会给的。可是，他刚一开口，赵振金就打断了他的话，诚恳地对他说，有其他要帮忙的地方，你尽管提，但就是违法的事情我不能帮你。

有时，来讲人情的人太多了，赵振金没有精力打发他们，于是就关了手机，一个人跑到附近的山上去。他不在，说情的人找不到门路，民警也不敢放人。一直等涉案嫌疑人被送入拘留所或看守所后，他才回去继续办公。久而久之，所里的其他民警也养成了优良的工作作风。每当有人来说情，他们就回绝说“所长上山了”。

执法必严，是赵振金的执法原则之一，但同时，他也注重说服教育。

在新港，有一个社会青年经常闯进店铺里强收“保护费”，如果店主不配合，就会招来一顿毒打，店里的东西也都难逃一劫。一次，他在店里闹事时，民警前去处理。他竟然用斧头砍伤了自己的额头、胳膊、胸部，暴力阻止民警执法。正当民警不知如何处理时，赵振金突然冲上去，一举制服了青年。随后，他开车把青年送到医院，并出钱帮他处置了伤口。在开车送他回来的路上，赵振金和蔼地对他说：“小伙子，你可得走正路呀！咱们新港这块地方赚钱的机会多的是，你要是不方便，我帮你介绍份工作。”青年被他的所作所为深深感动，当下痛哭流涕，表示愿意改邪归正。

赵振金不仅对自己严格要求，他也希望其他民警都能做到严格执法，提升民警素质就成了他的重要工作之一。

早在 1987 年时，新港派出所就制定了一本标题为《新港派出所队伍正规化建设规章制度》的小册子。开始时，这本小册子只有 50 条，到 1994 年时，又增补到 100 条，后来又细化完善到 200 条、230 条。二十几年来，民警们一直把它视为队伍建设的政治纲领和准则，以及衡量民警素质高低、形象好坏的标尺。

2006 年 9 月 9 日，赵振金因劳累过度突发心脏病，经抢救无效，不幸牺牲，年仅55岁。同年10月25日，人事部、公安部追授赵振金为“全国公安系统一级英雄模范”。

价值解析

执法必严，是我国法制建设的原则之一。要做到法律面前人人平等，就必须严格执法，针对一切违法犯罪行为，绝不姑息。像赵振金一样，视法律高于一切，无论任何人、任何关系，都不能对法律有半点亵渎。

反贪路上的英雄

廉洁奉公，勤政为民，要从各级领导机关和领导干部做起。党员领导干部首先是高中级干部，要严于律己，以身作则，教育好子女，并且带头同腐败现象斗争。

——江泽民《在中国共产党第十四次全国代表大会上的报告》

王书田是陕西省西安市临潼区人民检察院原党组成员、副检察长。在1998年2月前，他一直担任西安市临潼区公安分局局长。在20年公安生涯和7年检察官生涯中，他一直坚持公正执法，秉公办案，先后处理过近百起案件，全部办成了铁案。调入临潼区人民检察院后，他更是坚守岗位，铁腕带铁军，铁面办铁案。他主管的反贪工作在西安市检察系统连续五年名列前茅，临潼区人民检察院反贪污贿赂局连续两年被评为全市政法系统“人民满意的政法单位”、“青年文明号”，他也被评为“全省人民满意的政法干警”。

初做反贪工作时，王书田自觉对这些跨领域的工作有些力不从心。他坚持“做任何工作绝不当外行”，于是请来几名业务骨干，虚心向他们请教。很快，他就成了反贪工作领域的行家里手。

1999年6月，一件陈年难案摆在了检察院面前。之前，有群众反映某单位经理有经济问题，一个曾经很风光的企业硬是被他搞得险些破产。有关部门虽然涉入调查，但最终毫无结果。

王书田接手案件后，带检察人员来到这家单位进行调查。其间，他们发现这家单位的账目特别多，只是卷宗就堆了半间屋子。敏感的他感觉到其中必有蹊跷，于是从这些账目下手。经过观察，他们发现账本中有大量修车票据，而且每张都涉及成千上万元。他们为什么要如此频繁地修车呢？而且还这么大手笔。王书田拿着其中的一张金额为2.7万元的修车票到修车行去调查，结果果然是张假票！

然而，在确凿的证据面前，涉案的经理、会计和出纳却拒不认账。经理说时间太长，记不清了。会计则矢口否认。出纳员竟然情绪不稳，大闹特闹。无奈之下，王书田亲自与三名涉案人员“交锋”。终于，嫌疑人缴械投降，承认是他们三人将这些钱私分了。

在处理案件过程中，王书田固然重视对违法乱纪分子的严惩，但同时，他也非常重视案件的证据。他在2003年3月处理的一个案件就明显体现了这一点。

案件的嫌疑人是一个公司的工作人员，他涉嫌将贪污挪用的10万多元作为赌资去赌博，而且全部输光。办案人员接手案件后，马上调查赃款去向。经过一个多月的调查取证，结果却收效甚微：参赌的十余人全部回避做证。在调查受阻，无法继续进行时，王书田出手了。他带领涉案嫌疑人亲自找到参赌人员，向他们讲法律、讲政策，整整说了6个多小时。最终，证人们证实嫌疑人确实将赃款用于赌博，案件成功侦破。

王书田坚持不放过一个坏人，同时也坚持绝不冤枉一个好人。

2001年9月，有人举报某局局长贪污受贿200多万元。

接手案件后，王书田当下就带检察人员展开调查。然而，经过一番调查后，他们证实这位局长贪污失实。调查结束后，王书田专门到局长所在单位召开了中层干部会，公布调查结果，还了局长清白。有的同事认为王书田的行为是多此一举，对此，他解释说：“执法的核心在于公正。既不能让有罪的人逃脱，也不能让无辜的人蒙冤！”

王书田就是这样一个人，他重证据，讲公正，秉公执法，为事业奉献了几乎全部精力。上任的第一年，全院查办的职务犯罪案就比上一年增加了50%。然而，大家都不知道，其实很长一段时间以来，他都在带病工作。

2001年5月，王书田带领检察人员查处某银行营业员贪污公款案时，连续几天加班熬夜，耗费了大量精力。案件完结的第二天，他病倒了。医院检查结果显示，他患有肝硬化腹水、合并糖尿病。

2003年4月底，王书田查处一件贪污案时，不分昼夜加班工作。案子查清后，5月5日早上，他又病倒了。当时，他感到阵阵恶心，想到客厅稍微休息一下，不料忽然口吐鲜血。被送往医院后，他已重度昏迷。医生们经过五天五夜的紧急抢救，才把他从死神手里救回来。然而，即使走在死亡的路上，他也没有忘记自己晕倒前正在调查的案子。一醒过来，他就询问案件的情况，并向同事说明出庭时要注意的问题。

由于长期超负荷地工作，王书田三次病危住院、两次大吐血，但他依然坚守在岗位上。2013年4月19日，他因病医治无效逝世，终年59岁。

价值解析

贪污腐败分子是和谐社会的罪人，是劳动人民的敌人。如王书田等反贪工作者为了国家和人民，不畏强权，秉公执法，舍生忘死地奋斗在第一线，是和谐社会的无私奉献者，更是百姓的守护神。

“铁法官”的故事

我们规定了的一切事项一定要执行，这就是我们的纪律。大家都遵照规定的办法去做，就有条不紊。遵守纪律也要靠干部以身作则。谁也不能犯纪律，谁犯了纪律谁就要受处罚。

——朱德《关于练兵与带兵问题》

谭彦是大连经济技术开发区人民法院一名青年法官，曾任开发区人民法院刑事审判庭副庭长、副院长。在职期间，他一直坚持认真、准确、公正地办案，被群众誉为“铁法官”。

1989 年，他被诊断患有纤细空洞性肺结核。尽管医生建议他“必须长期全休治疗，否则最多能活 5 年”，但他依然全身心投入工作中去。从被诊断身患重病到去世，他与病魔斗争了 15 年。在 1993 年到 1994 年间，身患重病的他审理案件 108 件，高出全院人均审案件数 44%，结案 105 件，高出人均结案 50%，两项工作指标都名列全院第一，而且没有一件发回改判。

谭彦审案，以严格和公正著称。他常说："人民法官头顶国徽，肩扛天平，绝不能在我们手中办一件错案。"

一次，一位民工与包工头发生纠纷，包工头纠集了一群人殴打民工。在相持过程中，民工夺过棍棒，把包工头打成重伤致残。包工头的妻子将民工诉上法庭，向其索赔80万元。接手案件后，谭彦直接到民工的家里进行调查。民工的家庭非常贫困，连温饱都没有解决，家人苦苦哀求他："谭彦庭长，我们这一家人可就全靠您了。"接着，他又来到包工头的家里。这家人虽然生活富裕，但包工头已瘫痪在床，无法动身了，家人哭诉："谭彦法官，人被打成这样，您可要给我做主。"

本来，这就是一起普通的刑事附带民事赔偿案件，依法很容易解决，但法律无情，法官有情，谭彦更关心的是，怎样让两个家庭都少受到伤害。他不顾带病之躯，频繁往来于两家，耐心地做两家人的工作。终于，包工头的妻子主动降低了索赔金额，民工的家人更是对他感激涕零，表示"案子不管怎么判我都服"。最终，法院依法判处被告人有期徒刑，并一次性向原告赔偿一万元。

谭彦在办案过程中，常会遇到来自多方面的压力，有时还会遇到恐吓，但他从来没有屈服过。

1994年，谭彦负责审理一起财产纠纷案。在调查案件时，被告气焰非常嚣张，竟然对执法人员说："我的财产谁也别想动，就是黑老包我也不怕。""办我的案子得想一想，谁敢把我怎么样，叫他吃不了兜着走。"一些人提醒谭彦："财产纠纷不同一般，况且被告是个无赖式的人物，千万别引火烧身！”但谭彦毫不畏惧，他坚信法律正义终将战胜邪恶。

一天晚上，谭彦在家里接到了被告的恐吓电话：“铁法官，判案要给自己留条后路。”说完便挂了电话。妻子问是谁打来的电话，为了避免家人的担心，谭彦只说是有人打错了电话。不过，他不但没被对方的嚣张气焰吓住，反倒更加坚定了秉公执法的信心。

经过一番调查取证后，庭审开始了。在法庭上，被告对谭彦破口大骂：“老子天不怕、地不怕，还怕你这个小法官。”谭彦镇定自若地回答：“我依法办案，你不服可以上诉。”之后，被告还指使人两次给谭彦打恐吓电话，威胁他说：“你就这么判吧，咱们走着瞧！”然而，无论对方的气焰多么嚣张，谭彦毫不畏惧，硬是没退半步。最后，被告还是乖乖地服从了判决。

在办案过程中，常有人打着各种旗号来与谭彦拉关系，试图走后门，但最终都被他一一拒绝。在开发区法院1994年的廉政记录中，明确记载着这样一段话：“谭彦，一年拒贿600余元，拒请吃15次。”

一次，谭彦审理一起盗窃案，被告人的一个亲戚是谭彦妻子的同学，妻子与同学的关系还不错。于是，被告人托亲戚找到谭彦的妻子，试图请她说情。妻子知道谭彦向来不徇私情，但碍于老同学的面子，所以想试一试。不料，谭彦没有给她留半点余地，他告诉妻子：“不是我不给面子，同学、朋友的情大，也没有法大，咱不能让肩上的天平倾斜。”非常理解丈夫的妻子表示：“好，我跟老同学好好解释解释。”

被告人见此路不通，就又使出金钱贿赂的一招。在开庭的前一天，被告人的妻子到谭彦家，塞给了他一沓钱。谭彦当场严词拒绝，但她把钱往沙发一放，转身就走。谭彦的身体不好，行动不便，没能追上她。第二天开庭时，谭彦依法对案件进行了审判，并在庭审结束后，将钱还给了被告的妻子。

2004年11月，谭彦因病去世，年仅44岁。他去世后，同事们把对他的钦佩编成了一首歌，被当地人们广泛地传唱着。歌词唱道："老铁，人民的兵，执法的一架天平。老铁，坚强的人，一身正气，铁骨铮铮。为了社会的安宁，为了司法的公正，他无私奉献，燃烧着生命……"

价值解析

公正无私是人民法官的执法准则。同时，法律无情，法官有情，使他们成为人民群众贴心的守护神。对恶势力的毫不畏惧，坚定了他们秉公执法的信心。